ニュアンス覚えて
7日間でネイティブ

もっと
カタカナ
英会話

ネイティブスピーキング
コンサルタント
甲斐ナオミ

Gakken

はじめに

「ニュアンス」をマスターして、さらにネイティブ感アップ！「カタカナ英会話」の世界へようこそ‼

▶ ネイティブのクセを、正確にカタカナで表現！

「カタカナを読むだけで、いきなりネイティブ並みの発音ができる！」

って、信じられますか？

でも、本当なんです。私が日本人向けに考案した「カタカナ発音法」なら、ネイティブっぽい早口やクセをすべて「カタカナ」で表現しているから、読んだらいきなり「ネイティブみたい！」になれるんです。

たとえば、I don't know.（知らない。）という英語がありますよね。

これ、日本語のルビが振っているのを見ると、ほとんどの場合、「アイドントノウ」もしくは「アイドンノウ」と書いてあります。

私がネイティブっぽく表現するなら「アロンノウ」にしちゃいます。

ちょっと声に出してみてください。驚くほど「映画やドラマで聞いた発音みたい！」になりませんか？

これなら、複雑でわかりにくい発音記号は一切必要ありません！

英語の発音を学ぶときに最も難しいのは、「発音が再現しにくい！」こと。でも、カタカナ表記なら、日本人の感覚でも無理なくすぐにネイティブ発音を再現できます！

これらのコツとごくカンタンな基本表現を紹介したのが、前著『7日間で英語がペラペラになる　カタカナ英会話』です。おかげさまで6万部を超えるベストセラーになり、落語家の立川志の輔さんにも試していただき、その効果に驚いていただきました。

▶ ネイティブのニュアンスで、さらにレベルアップ！

ただ、前著ではまず「カタカナ発音のコツ」をつかんでもらうため、あえて「基本中のシンプル表現」だけを紹介しましたので、ネイティブの大人が使う「細かなニュアンス」までは表現できませんでした。

大人になると、たとえば謝まる場合、「ごめん！」「ごめんなさい」「心からお詫び申し上げます」など、謝る場面や関係性でニュアンスが変わりますよね。それは英語でも同じこと。**使い分けることで「より大人っぽい」「ネイティブらしい」表現が可能になります。**
今回の本では、そんな「感謝」「謝罪」などのほか、「喜び」「怒り」「悲しみ」など感情を表す表現を使い分けるフレーズを紹介しました。

自分の気持ちを的確に伝えられると、「ただの伝達」ではなく、より「深いコミュニケーション」がとれるようになります。たとえば、シンプルな「ありがとう」も感謝の度合いによって、軽くThanks!（ありがと！）や、I really appreciate it.（心から感謝申し上げます）などの表現を使い分けられると、より自然で大人っぽい会話になります。

「カタカナ発音＋ニュアンス表現」で、さらに豊かで、レベルアップしたネイティブ英語を手に入れてください！　では、始めていきましょう。

2025年4月　甲斐ナオミ

もくじ

はじめに 2

カタカナ読んで、いますぐネイティブ♪
9つの「発音ルール」をマスターしよう！ 10

まずはここから
「基本の表現」を覚えよう！ 16

すばやくネイティブに近づける！
この本の使い方 30

音声のご利用方法 32

DAY 1 感謝とおわび

LESSON 1 感謝する 36

Thanks!（ありがと！）／Thank you!（ありがとう！）／Thank you very much!（本当にありがとうございます！）／I really appreciate it!（感謝の気持ちでいっぱいです！）／I'm so grateful!（心からの感謝を伝えたいです！）

LESSON 2 おわびする 46

Sorry!（ごめん！）／Excuse me!（すみません！）／I'm so sorry about〜（〜のこと、本当にごめんなさい！）／I'm terribly sorry for〜（〜について本当に申し訳ありません）／I truly apologize for〜（〜について心からおわび申し上げます）

LESSON 3 どういたしまして 56

Sure!（いいよ）／No problem!（たいしたことないよ！）／It's my pleasure!
（とんでもない！）／Don't worry about it!（大丈夫、気にしないで！）／
Please don't apologize〜（〜については本当に大丈夫だから）

ネイティブのつぶやき
ここがヘンだよ、日本の英語 65

DAY 2 要望

LESSON 4 願望を伝える 68

I was wondering if I could〜（させていただけないで
しょうか）／Would it be possible to〜?（していただくことはできますか）／
I'd like to〜（〜させていただきたいのですが）／I need to〜（〜しなければ
ならないのですが）／I wanna〜（〜したいんですけど）

LESSON 5 依頼する 78

I was wondering if you could〜（〜していただけないでしょうか）／I'd
really appreciate it if you could〜（〜していただけると大変ありがたいの
ですが）／Would you mind〜?（〜していただけませんか）／Could you
please…?（お手数ですが、〜していただけますか）／Please make sure〜
（必ず〜してください）

ネイティブのつぶやき
「ヤバい」のヤバさ 87

LESSON 6 禁止する 88

Would you mind not〜（〜しないでいただけませんか）／Please don't…
（〜しないでください）／You shouldn't〜（〜しないほうがいいです）／You
can't…（〜はご遠慮ください）／Do not…under any circumstances（い
かなる場合も〜は禁止されております）

DAY 3 同意・反対・理解

LESSON 7 同意する 100

Yeah（うん）／Sounds good（いいね）／You're right（その通り）／Definitely（間違いない）／That's exactly what I was thinking（まさに同じこと考えていた）

LESSON 8 反対する 110

I see it differently（ちょっと違う見方だな）／I'm not sure about that（それはどうかなぁ）／That's not really what〜（ちょっと違う）／I disagree（反対）／That's not right at all（それは絶対に違う）

LESSON 9 理解する 120

I sort of get it（なんとなくわかる）／Oh, now I see.（あぁ、なるほど）／I understand now!（理解できた！）／Now it all makes sense!（全部つながった！）／I understand it perfectly!（完璧に理解できた！）

DAY 4 期待と心配

LESSON 10 期待する 130

I hope〜（〜だといいな）／I'm looking forward to〜（〜が楽しみ）／I'm excited about〜（〜にワクワクする）／I can hardly wait to〜（早く〜したい）／I'm absolutely thrilled about〜（〜にすごくワクワクする）

ネイティブのつぶやき
ネイティブっぽ!な表現①Come on 139

LESSON 11 心配する 140

I wonder〜（〜かなぁ）／I'm a bit worried（ちょっと心配）／I'm not sure（微妙だなぁ）／I'm worried（心配）／I'm really nervous（すごく不安）

LESSON 12 願う 148

Hopefully（〜といいな）／I wish（〜だったらなぁ）／I'm keeping my fingers crossed（うまくいきますように）／I so wish（心から願っている）／It's my biggest dream（最高の夢です）

DAY 5 意見

LESSON 13 意見する 158

I think（〜と思う）／In my opinion（自分が思うに〜）／Based on experience（経験から言うと〜）／I strongly believe（〜だと強く信じている）／I'm absolutely convinced（〜だと確信している）

ネイティブのつぶやき
ネイティブっぽ！な表現②Well 167

LESSON 14 提案する 168

One way is to〜（一つの方法としては〜）／What I usually do is〜（自分がよくやるのは〜）／Here's what you can do.（こんなことができるよ）／The effective way is to〜（効果的なのは〜）／The only way to〜is〜（唯一の方法は〜）

LESSON 15 承認する 178

I suppose I could〜（まあ、やってみてもいいかも）／That sounds like it could be nice（悪くないかも）／That seems interesting.（それいいかも）／I'm definitely interested!（めっちゃ興味ある！）／That's absolutely perfect for me!（それ、私にピッタリ！）

DAY 6 喜び・驚き・不満・悲しみ

LESSON 16 喜ぶ 190

Good（よし）／I'm glad（〜よかった）／I'm so happy（うれしい）／I'm thrilled（超うれしい）／I can't believe（夢みたい！）

LESSON 17 驚く 198

Oh（おっ）／Wow（わぁ！）／No way!（うそでしょ！）／That's wild!（すごすぎる！）／UNBELIEVABLE!!!（信じられない！）

ネイティブのつぶやき
出身地は発音だけでバレちゃいます 207

LESSON 18 不満を言う 208

I'm not too sure about…（ちょっと微妙かも）／This isn't what I expected（想像してたのと違う）／This is annoying（イライラする）／This is totally unacceptable!（こんなの、とんでもない！）／You must be joking!（まさか本気じゃないよね！？）

ネイティブのつぶやき
どっちが正解!？人によって違う英語の発音 217

LESSON 19 悲しむ 218

Oops（あっ）／Oh no（あーぁ）／Well, that was kind of disappointing（うーん、ちょっと期待はずれだったなぁ）／What a bummer（がっかりだなぁ）／I'm absolutely devastated（もう立ち直れないくらいショック）

DAY 7 慰め・怖い・恥ずかしい

LESSON 20　慰める　230

That's too bad（それは残念だったね）／I know how you feel（気持ちはよくわかるよ）／I'm here for you（私がついているよ）／You're not alone in this（一人で抱え込まなくてもいいからね）／I can't imagine how difficult this must be for you（どれだけ大変か、想像もできないけれど）

ネイティブのつぶやき
ネイティブだってけっこう間違えている！　239

LESSON 21　怖い　240

I feel uneasy（なんか落ち着かない）／This is creepy（不気味）／I'm scared（怖い）／I'm terrified（超怖い）／I'm absolutely horrified（死ぬほど怖い）

LESSON 22　恥ずかしい　248

I feel awkward（ちょっと気まずい）／This is embarrassing（恥ずかしい）／I'm so ashamed（めちゃ恥ずかしい）／I'm mortified（赤面するほど恥ずかしい）／I want to crawl into a hole（穴があったら入りたいくらい恥ずかしい）

〈STAFF〉
ブックデザイン　上坊菜々子
DTP　　　　　　野中賢、
　　　　　　　　安田浩也（システムタンク）
イラスト　　　　たきれい
校正　　　　　　小縣宏行
英文チェック　　Hera Nahm
ナレーション　　甲斐ナオミ、
　　　　　　　　水月優希

カタカナ読んで、いますぐネイティブ♪

9つの「発音ルール」を
マスターしよう！

\聞いてみよう/

▶ **カタカナを読むだけ。**
一瞬で「ネイティブ発音」に大変身！！

　海外の映画やドラマ、ニュースを見ていて、
「どこからどこまでが単語？　聞きとれない！」
「学校で習った英語の音と全然違う！」
と思ったことはありませんか？

　それもそのはず。**ネイティブの発音には、ちょっとした「クセ」があります。**
　ネイティブ英語のリズムは、**強（強く、長く、はっきりと）** と**弱（弱く、短く、あいまいに）** といった特徴があります。
　さらにネイティブには**「linking：音をつなげる」** と**「reduction：音が落ちる」** といったクセもあります。
　私が考案した「カタカナ発音法」で、ネイティブのクセを「9（+3）のルール」にまとめてみました。マスターすると、ぐっとネイティブらしい発音になります

　　では、読み方のルールを紹介していきましょう。

ルール1

文字サイズが大きい箇所は、「強く」発音する

文字サイズが大きい箇所は、「強く」発音する。

「ヘ」を強く発音

レミ　　ヘォピュ

Let me help you.

（手伝わせて。）

ルール2

強く発音する音の前後は、基本的に「弱く」発音する

大きな文字サイズの前は、「弱く」発音する。

「ディ」が強いので、「アハヴ」は弱く発音

アハヴ　　ディヌ

I have dinner.

（夕飯を食べる。）

ルール3

「 😊 」マークがある箇所は口を閉じる

語尾が「m」または「m＋子音」、語尾が「p」「b」または「p＋子音」「b＋子音」の場合など。

語尾が「me」なので、
口を閉じて軽く音を出す

アハヴ　　タイン😊

I have time.

（時間がある。）

語尾が「p」なので、口を閉じる

アニーラ　マッ😊

I need a map.

（地図が必要。）

ルール4

語尾の「k」「t」「g」「d」は短く「ッ」にする

語尾が「k」「t」「g」「d」または「k+子音」「t+子音」「g+子音」「d+子音」の場合、「ッ」と置き換えることが多い。

> 語尾が「t」なので、「ッ」に変わる

デイ **スィッ** ダウン

They sit down.

（彼らは座る。）

ルール5

「nd」「nt」＋母音は「ナ行」になる

「nd」と「nt」のあとに、母音（a,i,u,e,o）または「y」がくる場合、「t」と「d」は「ナ行」で発音する。

> 「nd」のあとが母音なので、「ナ」に変わる

アン😮ガナ　スペナ　イーァイン **ジュア**ームニ

I'm gonna spend a year in Germany.

（1年間ドイツで過ごす予定。）

ルール6

「d」「t」が母音にはさまれると「ラ行」になる

「d」「t」が、母音（a,i,u,e,o）または「y」ではさまれた場合、「ラ行」で発音する。

> 「d」が母音（y）にはさまれているので、「ディ」が「リ」に変わる

ア**ラ**イッ　タ　スタ**リ**　**イ**ングリッシュ

I like to study English.

（英語を学ぶのが好き。）

ルール7

「tion」「sion」は「シュン・チュン・ジュン」になる

　語尾が「tion」または「sion」の場合、「シュン」「チュン」または「ジュン」と発音する。

> 語尾が「tion」なので、「シュン」と発音

アハフタ　　ファイナ　ソ**ル**ーシュン

I have to　find a　solution.

（解決策を見つけなくてはいけない。）

ルール8

「tr」は「チュ」になる

「tr」は「チュ」と発音する。

> 「tr」は「チュ」と発音

ドン　　　テイッダッ　　チュ**エ**イン

Don't　take that　train.

（その電車は違うよ。）

ルール9

「dr」は「ジュ」と発音

「dr」は「ジュ」と発音する。

> 「dr」なので、「ジュ」と発音。さらに語尾が「k」なので「ッ」（ルール4）

ドン　　ジュ**イ**ンッ　ダッ

Don't　drink　that!

（それを飲んではだめ！）

さらにネイティブになるポイント！

レベルアップ発音1

　無声音「th」は舌先を軽く歯ではさんだまま「サ・シ・ス・セ・ソ」と言ったときに出る音ですが、本書では初級者向けに、ネイティブの子どもが使う「th」に近い「f」の音（ファ・フィ・フ・フェ・フォ）で表現しています。

軽く唇をかんで、「フィ」と発音する

アハフタ　ドゥー　スン😊　**フィ**ングズ

I have to do some things.

（いくつか用事を済ませないといけない。）

レベルアップ発音2

　有声音「th」は舌先を軽く歯ではさんだまま「ダ・ヂ・ヅ・デ・ド」と言ったときに出る音です。本書では「ダ行」または「ヴ」のカタカナで表現しています。

「ディ」を強く発音

ハウバウッ　**ディ**ス

How about this?

（これはどう？）

レベルアップ発音3

「r」は口を少しすぼめた状態から始め、舌先を上あごに近づけ、「ラ・リ・ル・レ・ロ」と言ったときに出る音です。

本書では「r」で始まる単語は、「ラ」行や「ルェ」や「ルィ」と表現し、単語の中に出てくる「r」の音は「ラ」行や「ウェ」や「ウィ」と表現しています。

単語の始まりの「r」なので「ルェ」と発音

アロンノウ　ア　グッテンプーラ　**ルェ**ストゥラーン
I don't know a good tempura restaurant.
（おいしい天ぷら屋を知らない。）

単語の途中の「r」なので「ウィ」と発音

アン　サーウィ
I'm   sorry ...
（ごめんなさい…）

「カタカナ発音法」のルールを覚えて、まずは声に出してみてくださいね！

> まずはここから

「基本の表現」を覚えよう!

\聞いてみよう/

　人がコミュニケーションを始めるときに、最も大切なのは**「自分の気持ちを相手に伝える」**こと+**「必要な情報を相手から引き出す」**こと。これは幼い子どもの言葉の習得過程を見ても明らかです。言葉を覚え始めた子どもが最初に表現するのは、自分の欲求「〜をしたい!」と伝えることから。そして、まわりの物事に興味を持ち始めると「これは何?」と質問するようになります。

　前作『7日間で英語がペラペラになる　カタカナ英会話』では、英会話の基本となる「伝える」「たずねる」の定番フレーズを31パターンに厳選し、カタカナ表記を使って本物のネイティブのような発音を身につける方法をご紹介しました。

　まだお読みでない方は、ぜひ先にこれらの基本フレーズをマスターすることをお勧めします。本作では、これらの土台となる表現に英語らしいニュアンスを加え、より**ネイティブに近い表現力**を身につけていきます。では、さっそく基本フレーズのおさらいから始めましょう!

基本の表現 ▶ 伝える

アワナ
▶ **I wanna 〜**
　(〜したい)

　まず紹介したいのが、この "wanna" という表現。カジュアルな文章ですが、「want + to」と「want + a」2つの意味を兼ね備えています。

　ですので、後ろに動詞を入れても名詞を入れてもよい「優れものの表現」です。動詞を入れる場合は、「〜したい」という願望を、名詞を入れる場合は「〜がほしい」という欲求を表現できます。

1 wanna（＝want ＋ to）＋ 動詞

アワナ スィー　マウン フージ
I wanna see Mount Fuji.　　　（富士山が見たい。）

> 動詞でもOK

2 wanna（＝want ＋ a）＋ 名詞（単数形）

アワナ　カパ　カーフィ
I wanna cup of coffee.　　　（コーヒーがほしい。）

> 名詞の場合は「単数形」にすること！

3 wanna（＝want ＋ to）＋ 動詞

アワナ ゴゥ　シャーピン
I wanna go shopping.　　　（ショッピングしたい。）

> 動詞でもOK

4 wanna（＝want ＋ a）＋ 名詞（単数形）

アワナ　ペッ
I wanna pet.　　　（ペットがほしい。）

> 名詞の場合は単数形にすること！

アニーッ
▶ **I need 〜**
（〜が必要／〜がほしい）

「I need 〜」は「必要」「ほしい」という意味で、「want」より切実な気持ちを表す表現です。

発音は「アニーッ」で、「ニ」を長めにはっきり言います。

「need + 名詞」と「need + to + 動詞」の2つの形があります。たとえば「I need money（お金が必要）」「I need to take a break（休憩が必要）」です。

より丁寧に言いたいときは「I would need」「I will need」を使うと柔らかい表現になります。

1 need + 名詞

アニーラ　タークスィ
I need a　taxi.

> 「I need」の後に「a」がくると、「d」と「a」がくっついて「ラ」と発音します。

（タクシーを呼んで。）

2 need + 名詞

アニーラ　ウィスィーッ
I need a　receipt.

（レシートがほしい。）

3 need ＋ 動詞

ア二ーッタ チャージ マイ バールイー
I need to charge my battery.
（バッテリーの充電をしたい。）

4 need ＋ 動詞

ア二ーッタ　テイッダ　チュエイン
I need to take the train.
（電車に乗らないと。）

アライッ
▶ I like ～
（～が好き）

「I like ～」は日常会話でよく使う「～が好き」という表現です。「好き」を表す他の言葉と比べると、カジュアルで気軽な気持ちを表します。

「like ＋ 名詞」（I like sushi）の他に、「like ＋ 動詞ing」と「like ＋ to ＋ 動詞」の2つの形があります。「動詞ing」は普段から楽しんでいる習慣的な行動（I like running）、「to ＋ 動詞」は一般的な考えや好み（I like to run in the morning）を表します。「love」は強い好意ですが、「like」は普通の好みを表現するのに最適です。

1 like ＋ 名詞

アライッ ピッツァ
I like pizza.
（ピザが好き。）

2 like + 動詞ing

アラィッ　ウァーチン　**ムー**ヴィーズ
I like　watching　movies.
（映画を見るのが好き。）

3 like + to + 名詞

ア**ラ**イッタ　ウェイカッ**プ**ーァリ
I like to　wake up early.
（早起きするのが好き。）

4 like + to + 動詞

ア**ラ**イッタ　ゴウトゥラ　**ジ**ン👄
I like to go to the gym.
（ジムに行くことが好き。）

アイ**フィ**ンッ
▶ **I think 〜**
（〜と思う）

「I think」は「〜と思う」という意見を述べるときの基本表現です。
「I think + 文」の形で使い、「I think it's good(よいと思う)」のように意見を述べたり、「I think so(そう思う)」と同意を示したりできます。
「I believe」より控えめな表現で、やわらかい意見の言い方です。特に意見が分かれそうな話題で使うと、相手を配慮した表現になります。「I don't think」で否定の意見も伝えられます。

1 think + 文

アイ**フ**インッ　ダッツ　トゥー　**ファ**ー
I think　that's too　far.
（ちょっと遠すぎると思う。）

2 think + 文

アイ**フ**インキッツ　**デ**イス　ウェイ
I think it's　this　way.
（こっち方向だと思う。）

3 think + 文

アイ**フ**インッ　ディス　テイスツ　**ベ**ルー
I think　this　tastes　better.
（こっちのほうがおいしいと思うよ。）

4 think + 文

アイ**フ**インキッ　ルックス　**グ**ロンニュ
I think it　looks　good on you.
（似合うと思うよ。）

基本の表現 ▶ たずねる

ケナイ
▶ **Can I…?**
（〜してもいい?）

「Can I〜?」は「〜してもいいですか?」と許可を求めるときの基本表現です。

「Can I + 動詞の原形」の形で使います。たとえば「Can I help you?（お手伝いしましょうか?)」「Can I open the window?(窓を開けてもいいですか?)」のように使います。

「May I」より気軽でカジュアルな表現です。友だちや家族との会話で使いやすく、「Can I...?」の後に「please」を加えると丁寧さが増します。

1 Can I + 動詞の原形

ケナイ イーッ ディス
Can I eat this?
（これって食べられる?)

2 Can I + 動詞の原形

ケナイ　メイカ　ルェズ ヴェイシュン
Can I make a reservation?
（予約できる?（または)予約していい?)

3 Can I + 動詞の原形

ケナイ　アースキュア クエスチュン

Can I ask you a question?

（質問してもいいですか？）

4 Can I + 動詞の原形

ケナイ テイッ ピッチューズ ヒゥ

Can I take　pictures　here?

（ここで写真を撮ってもいいですか？）

クジュ

▶ **Could you…?**

（〜してくれる？／〜できる？）

「Could you…?」は丁寧な依頼表現の定番です。「Can you…?」よりも柔らかく、相手に押しつけがましくない印象を与えます。「Would you…?」と同じように使えますが、「Could」の方が少しカジュアルな印象。「〜できますか？」という能力の確認としても使えますが、日常会話では依頼表現として使うことが圧倒的に多いです。「Could you wait a moment?」（ちょっと待ってくれる？）など、シンプルな依頼フレーズとして覚えておくと便利です。

1 Could you + 動詞

クジュ　　ヘォッミ
Could you help me?
（助けてくれる？）

2 Could you + 動詞

クジュ　　ホゥッダ　　ドァ
Could you hold the door?
（ドアを押さえてくれる？）

3 Could you + 動詞

クジュ　　セイダルゲン
Could you say that again?
（もう一度言ってくれる？）

4 Could you + 動詞

クジュ　ルァイリッ　ダゥン
Could you write it down?
（紙に書いてくれる？）

ワッ
▶ What…?
（〜何？）

「What...?」は疑問詞の代表格。「What」の後に「time」「color」「size」など、具体的に尋ねたい内容を続けるだけで、シンプルな疑問文が作れます。「What's up?」（どうしたの?）「What's new?」（最近どう?）のような日常的な挨拶フレーズにも使われ、会話の入り口として重宝します。初級者でも使いやすい便利な表現です。

1 What ＋ 名詞

ワッ タイミズィッ
What time is it?
（何時？）

2 What ＋ 名詞

ワッ カルー デュ ライッ
What color do you like?
（どの色が好き？）

3 What ＋ be動詞

ワッツ ルォーン
What's wrong?
（どうしたの？）

4 What + be動詞

ワッツ　ディス
What's this?
（これ、何？）

ウェア
▶ Where…?
（～どこ？）

「Where...?」は場所を尋ねるときの基本表現です。主に2つの使い方があります。1つ目は「Where is/are...?」（～はどこ?）というbe動詞を使うパターン。短縮形の「Where's...?」が会話では一般的です。2つ目は「Where do you live?」（どこに住んでる?）のような一般動詞を使うパターン。この場合、主語に合わせて（do/does/did）を選ぶ必要があります。旅行先や街中での道案内で特に重宝する表現なので、まずは「Where's...?」の形を中心に練習しましょう。

1 Where + be動詞

ウェアユ　　　フォン
Where are you　from?
（どこ出身？）

2 Where + be動詞

ウェアズ　ダッ
Where's that?
（それどこ？）

3 Where + 一般動詞

ウェア　ケナイ　ゲラナン**ブエ**ラ
Where can I get an umbrella?
（傘はどこで買える？）

4 Where + 一般動詞

ウェア　ケナイ　ゲッ　フイー　ワイ**ファ**イ
Where can I get free Wi-Fi?
（無料Wi-Fiスポットはどこ？）

ウェン
▶ **When…?**
（～いつ？）

「When...?」は時を尋ねるときの基本表現です。使い方は主に2つあります。1つ目は「When is...?」（～はいつ?）というbe動詞を使うパターン。「When's breakfast?」（朝食は何時?）のように短縮形もよく使います。2つ目は「When do you wake up?」（何時に起きるの?）のような一般動詞を使うパターン。日常生活での予定を立てたり、相手の習慣を尋ねたりするときに特に便利な表現です。

1 When + be動詞

ウェンズ　ディ　イ**ヴェ**ンッ
When is the event?
（イベントはいつ？）

27

2 When + be動詞

ウェンズダ　ネックス チュ**エ**イン
When is the next train?
（次の電車はいつ？）

3 When + 一般動詞

ウェン　ケナイ　チェ**キ**ン
When can I check in?
（チェックインはいつできる？）

4 When + 一般動詞

ウェナュ　ゴーウィン トゥ **キョ**ート
When are you going to Kyoto?
（京都にはいつ行くの？）

ハルアイ
▶ How do I…?
（どうやって〜？）

「How do I…?」は「どうやって〜すればいいの？」と方法を尋ねる時の表現です。「How do I get to…?」（どうやって〜に行けばいい？）など、自分が何かをする方法を知りたい時に使います。ときどき「How to…」という表現も聞きますが、正しくは「How do I…?」です。困ったときや初めての場所、新しいものに出会った時など、質問する機会が多い便利なフレーズです。

1 How do I + 動詞

ハルアイ　**ゲ**ットゥラ　ス**テ**イシュン

How do I get to the station?
（駅にはどうやって行けばいいですか?）

2 How do I + 動詞

ハルアイ　**ユ**ーズ　ディス　**テ**イケッ　ムシーン

How do I use this ticket machine?
（この券売機はどうやって使いますか?）

3 How do I + 動詞

ハルアイ　ク**ネ**ック　トゥラ　ワイ**ファ**イ

How do I connect to the Wi-Fi?
（WiFiにどうやってつなげばいいですか?）

4 How do I + 動詞

ハルアイ　**オ**ウプン　ディス　バーロー

How do I open this bottle?
（このボトルどうやって開けるの?）

29

> すばやくネイティブに近づける!

この本の使い方

音をマスター!

1. 読む 例文を見ながら、カタカナを読んでみる。

慣れないうちは「これでいいのかな?」と思いますが、ネイティブの耳には「こなれた音」に聞こえます。カタカナの読み方は、「9つの発音ルール」を参考にしてください。

2. 聞く 例文を見ながら、音声を聞く。

各パートにある二次元バーコードを再生して、「音」を聞いてみましょうか。

これはネイティブ英語の「クセ」を確認するためです。

ネイティブ英語のリズムは、強(強く、長く、はっきりと)と弱(弱く、短く、あいまいに)からなります。さらにネイティブには「linking:音をつなげる」と「reduction:音が落ちる」といったクセがあります。

本書ではこれらをカタカナで表現しましたが、マスターするとぐっと「ネイティブらしい発音」になります。

3. 読む 音声を聞きながら、もう一度 カタカナを読んでみる。

耳で聞いたネイティブ英語の「クセ」を意識しながら、カタカナを読んでみましょう。驚くほど「ネイティブっぽく」なっているはずです。

> 「音を聞いて、ネイティブのクセをつかむ」のはとても重要なポイント。実際の音を聞いてからカタカナを読んでみると、「耳で聞く音」と「口から出る音」がチューニングされて、ネイティブ発音に近づきますよ。

ニュアンスの違いをマスター！

POINT1 各Lessonでフレーズ（表現）を確認。

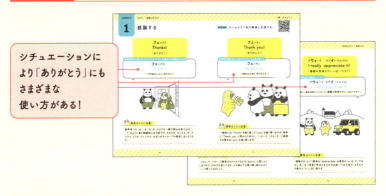

シチュエーションにより「ありがとう」にもさまざまな使い方がある！

POINT2 フレーズ（表現）のニュアンスの違いを知る。

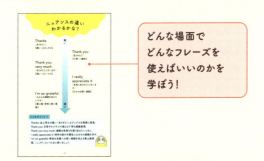

どんな場面でどんなフレーズを使えばいいのかを学ぼう！

POINT3 実際の会話での使い方で、さらに深い理解。

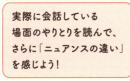

実際に会話している場面のやりとりを読んで、さらに「ニュアンスの違い」を感じよう！

31

音声のご利用方法 🔊

　本書のレッスン音声および例文音声は、次の1〜3の方法で再生することができます。

1 スマホでQRコードを読み取り、ブラウザ上で再生する

各レッスンページに記載された　聞いてみようの表記の上にあるQRコードをスマホなどで読み取ると、該当するレッスン音声および例文音声をブラウザ上で再生することができます。

2 音声再生アプリで再生する

下のQRコードをスマホなどで読み取るか、下のURLにアクセスしてアプリをダウンロードしてください。ダウンロード後、アプリを起動して『ニュアンス覚えて7日でネイティブ　もっとカタカナ英会話』を選択すると、端末に音声がダウンロードされます。

https://gakken-ep.jp/extra/myotomo/

3 MP3形式の音声ファイルをダウンロードして再生する

https://gakken-ep.jp/extra/myotomo/
上記のURLにアクセスし、ページ下方の【語学・検定】から『ニュアンス覚えて7日でネイティブ　もっとカタカナ英会話』を選択すると、MP3形式の音声ファイルがダウンロードされます。

利用上の注意点
お客様のネット環境およびスマホやタブレット端末の環境により、音声の再生やアプリの利用ができない場合、当社は責任を負いかねます。また、スマホやタブレット端末へのアプリのインストール方法など、技術的なお問い合わせにはご対応できません。ご理解をいただきますようお願いいたします。

DAY 1

感謝とおわび

LESSON 1
感謝する

LESSON 2
おわびする

LESSON 3
どういたしまして

LESSON 1

DAY1　感謝とおわび

感謝する

フェンクス
Thanks!
（ありがと！）

荷物を両手に持っていたらホストファザーが家のドアを開けてくれた

フェンクス
Thanks!
（（ドアを開けてくれて）ありがと！）

 発音はココに注意！

無声音「th」は、「サ」や「タ」のような一瞬で終わる音ではなく、「フ」のように息を継続的に出す音です。そのため「センクス」や「テンクス」よりも「フェンクス」のほうがネイティブの発音に近くなります。

\聞いてみよう/

SCENE　ホームステイ先の家族と交流する。

フェンキュ
Thank you!
（ありがとう！）

お土産を渡したら、ホストファミリーがお礼を言った

フェンキュ
Thank you!
（（素敵なお土産を）ありがとう！）

 発音はココに注意！

一般的には「Thank」を強く言って「you」を弱く言いますが、相手に「Thank you」と言われたあとに、「いえいえ、こちらこそ！」と表現する場合は「you」を強く言います。

DAY1　感謝とおわび

フェンキュ　ヴェウィ　**マ**ッチュ
Thank you very much!
（本当にありがとうございます！）

> ホストマザーがすごくおいしい料理を作ってくれた
>
> **フェ**ンキュ　ヴェウィ　**マ**ッチュ
> **Thank you very much!**
> （（素晴らしい料理を）本当にありがとうございます！）

 発音はココに注意！

「very」を「ベリー」と発音するとイチゴなどの「berry」に聞こえてしまうので、口の力を抜いたまま、上の歯を下の唇に軽く触れさせて「v」と言ってみましょう。

LESSON1 　感謝する

ア**ウィ**ーリ　ウプ**イ**ーシエイリッ
I really appreciate it!
（感謝の気持ちでいっぱいです！）

近くの名所に車で案内してくれた

ア**ウィ**ーリ　ウプ**イ**ーシエイリッ
I really appreciate it!
（（楽しい場所を案内してくださって）感謝の気持ちでいっぱいです！）

 発音はココに注意！

「感謝する」という意味の「appreciate」の最初の「a」は「ア」ではなく、あいまい母音と呼ばれる口の力を抜いて出す音で、カタカナで表すと「ウ」に近い音です。

DAY 1 感謝とおわび

アン◯ ソゥ グエッフォー
I'm so grateful!
（心からの感謝を伝えたいです！！）

> 帰国時に、ホストファミリーに別れと感謝を伝える
>
> アン◯ ソゥ グエッフォー
> ## I'm so grateful!
> ((たくさんお世話になって)心からの感謝を伝えたいです！！)

 発音はココに注意！

「m」の◯マークは口を閉じて軽く音を出します。「grateful」の「ful」は「フル」ではなく、「フォー」と発音しましょう。

ニュアンスの違い わかるかな?

軽い

Thanks
(ありがと!)
【軽い・カジュアル】

Thank you
(ありがとう)
【丁寧・一般的】

Thank you very much
(ありがとうございます)
【強い・フォーマル】

I really appreciate it
(本当にありがとうございます)
【心からの深い感謝】

I'm so grateful
(心からの感謝を伝えたいです)
【最上級・非常に深い感謝】

深い

ここがポイント♪

Thanks：友人同士の軽い「ありがと!」カジュアルな場面に最適。
Thank you：日常やビジネスで使える丁寧な感謝表現。
Thank you very much：感謝の気持ちを強く伝えたいときに。
I really appreciate it：相手の助けや親切に心からの感謝を示す。
I'm so grateful：特別な支援への深い感謝を伝える最上級表現。「ここぞ!」というときに使いましょう。

DAY1　感謝とおわび

Let's talk!
実際に使ってみよう！

（ナマケモノくん、ホストファミリーの家に到着する。）

レミ　　ヘォピュ　　ウィッダ　　ドァ
Let me help you with the door.
ドアを開けてあげるよ。

フェンクス
Thanks!
ありがとう！

アブ**ルア**ーッ　スン　チュア**ディ**シュノー
I brought some traditional
ギフツ　フォン　ジュ**パ**ーン
gifts from Japan.
日本の伝統的なお土産を持ってきました。

LESSON1 感謝する

オゥ **フェ**ンキュ ユディリン **ハー**フトゥ
Oh, thank you! You didn't have to!

まあ、わざわざありがとう！

イッ **ジャ**スタリロ サン😋フィン トゥ
It's just a little something to

ショマイ ウプイシ**エ**イシュン
show my appreciation.

ほんの気持ちです。

フェンキュ ヴェウィ **マッ**チュ フ**ウェ**ォカミンミ
Thank you very much for welcoming me

イントゥヨ **ホー**ウン😋
into your home.

ご家庭に迎えていただき、本当にありがとうございます。

ウィ プイペーァッ **ジャー**プニーズ **ディ**シズ
We prepared Japanese dishes.

日本料理を作ってみたの。

ウァーォ ダッサウンズ**メ**イズィン
Wow, that sounds amazing!

ア**ウィ**ーリ ウプ**イ**ーシエイリッ
I really appreciate it!

わあ、それは楽しみです！ 本当に感謝しています！

DAY1　感謝とおわび

ウィヴ**エ**インジュ**デ**ヴイフィン　　　　フヨ
We've arranged everything for your
ス**ティ**　ス**ク**ーォ　ルェジスチュ**エ**イシュン
stay - school　registration,
　トゥーアダ**タ**ウン　　　**エ**ヴイフィン
tour of the town, everything.

滞在中のことは全部手配したからね。学校の登録も、町の案内も、すべてね。

アン　**ソ**ウ　グエッフォー
I'm　so　grateful!
　　ア**ク**ルヌヴァース　　フア　　ベル
I couldn't have asked for a better
ホウスファムリ
host family!

本当に感謝の言葉もありません！　これ以上ないほど素晴らしいホストファミリーに恵まれて！

　　　ユォナウ　　パーロヴァウ　**ファー**ムリ
You're now part of our family!

これからは、あなたも家族の一員よ！

LESSON1 感謝する

解説

この会話では、お土産を渡したり、もてなしを受けたりと、感謝を伝える場面が多く登場します。「Thanks!」や「Thank you!」はシンプルなお礼ですが、「I really appreciate it!」は「本当に助かります!」という気持ちを強調する表現。ネイティブは「Much appreciated!（ビジネスでもよく使う）」や「I can't thank you enough!（感謝しきれません!）」もよく使います!

| LESSON 2 | DAY1　感謝とおわび |

おわびする

サーゥィ
Sorry!
（ごめん！）

ちょっとぶつかってしまった

サーゥィ
Sorry!
（ごめんね！）

 発音はココに注意！

「sorry」の場合もそうですが、ネイティブは「o」を「オ」よりも「ア」に近い音として発音することが多いです。感覚としては口を閉じた状態からあごだけ下におろして出す音です。

SCENE ホームステイ先の家で。

ス**キュ**ーズミ
Excuse me!
（すみません！）

話をしているホストファミリーの話を腰を折って伝えたい

ス**キュ**ーズミ

Excuse me!

（すみません！ ちょっといいですか？）

 発音はココに注意！

「Excuse me!」ははっきりと発音すると「エックスキューズミ」となりますが、「エック」の部分を取ってさらっと「スキューズミ」と言うことが多いです。

DAY1 感謝とおわび

アン◯ **ソ**ゥ　サーゥィ　ウバゥッ
I'm so sorry about〜
（〜のこと、本当にごめんなさい！）

ファミリーの名前を呼び間違えてしまった

アン◯　**ソ**ゥ　サーゥィ　ウバゥッ　ダッ
I'm so sorry about that.
（名前を間違えてしまって、本当にごめんなさい！）

 発音はココに注意！

「about」の「a」はあいまい母音なので、「ア」よりは「ウ」に近い音です。最後の「t」も次の音が子音なので、「t」をサッと消して小さな「ッ」と置き換えましょう。

LESSON2 おわびする

アン☺ **テゥ**ブリ　サーウィ　フ
I'm terribly sorry for 〜
（〜について、本当に申し訳ありません。）

食事の予約の時間に遅れてしまった

アン☺　**テゥ**ブリ　サーウィ　フビイン　**レ**イッ
I'm terribly sorry for being late.
（遅れてしまい、本当に申し訳ありません。）

 発音はココに注意！

「terribly」の「i」はあいまい母音なので、「イ」よりも「ウ」に近い音です。「for」も「フォ」と発音する人もいますが、速くさらっと発音するときには「フ」に近いです。

DAY1 感謝とおわび

> アチュ**ウ**ーリ ウ**パ**ルジャイズ フ
> **I truly apologize for ~**
> (~について、心からおわび申し上げます)

大切なお皿を割ってしまった

> アチュ**ウ**ーリ ウ**パ**ルジャイズ フブ**エ**イキン ディス
> **I truly apologize for breaking this.**
> (これを割ってしまい、本当に申し訳ありません。)

 発音はココに注意!

「truly」の「tr」は「チュ」と発音するので、「トゥルーリ」ではなく「チュウーリ」のほうがネイティブの発音に近いです。「apologize」もあいまい母音が2回登場するので注意して練習しましょう。

ニュアンスの違い わかるかな?

Sorry!
(ごめん!)
【軽い・カジュアル】

軽い・カジュアル

Excuse me!
(すみません!)
【礼儀的・注意を引く】

I'm so sorry about 〜
(本当にごめんなさい!)
【強い・感情的】

I'm terribly sorry for 〜
(申し訳ありません)
【非常に強い・フォーマル】

I truly apologize for 〜
(心からおわびします)
【最も強い・公式】

深刻・フォーマル

ここがポイント♪

Sorry!:小さなミスに使う軽い謝罪表現。

Excuse me!:道を通るときや話しかけるときの礼儀正しい表現。

I'm so sorry about 〜:迷惑をかけた相手に感情を込めた謝罪を伝えるときに。

I'm terribly sorry for 〜:ビジネスやフォーマルな場面での深い謝罪に使う表現。

I truly apologize for 〜:公式な場や文書で使う最も丁寧な謝罪の表現。

DAY1　感謝とおわび

Let's talk!
実際に使ってみよう!

（レストランでナマケモノくんの歓迎会をする。）

サーゥイ
Sorry!
ごめんなさい！（ドアでぶつかりそうになって）

ドン　ウァーリ　ウバウリッ
Don't worry about it!
気にしないで！

ウァッ　ウジュライッ　トゥ　**オ**ゥドゥー
What would you like to order?
（席について）何にする？

LESSON2 おわびする

ウェォ　　シェォウイ　ゲッ　**スィ**ーフーッ
Well ... shall we get　seafood?

そうねえ…シーフードにしましょうか？

ス**キュ**ーズミ
Excuse me!

（話に割って入る）すみません！

イエス　ディゥ
Yes, dear?

なあに？

アン⌣　ア**ケー**ン　イーッ　ルァー　**オ**イストゥーズ
Um,　I can't eat　raw　oysters ...
アン⌣　**ソ**ゥ　サーゥィ
I'm　so　sorry!

ええと、ぼく、生ガキが苦手で食べられないんです。本当にごめんなさい！

ダッツォウケイ　　　　デ**オ**ゥソハヴ　　　**パー**スタ
That's okay.　They also have　pasta.

大丈夫だよ。ここパスタもあるから。

オゥ　**ピー**ルーズナッ　　**カ**ミン　トゥレイ
Oh? Peter's not　coming　today?

あれ？　ピーターくんは今日いないんですか？

53

DAY1　感謝とおわび

ヒ**セ**リーズ　　　ルァニン　**レ**イッ　　ビカザ
He said he's running late because of

チュ**アー**フィッ　オゥ　　**デゥ**ヒイズ
traffic.　Oh, there he is.

渋滞で遅れるって。あ、来た。

（レストランに駆け込む。予約時間に遅れて到着）

アン　**テ**ゥブリ　サーウィ　フビイン　**レ**イッ
I'm terribly sorry for being late!

遅れてしまって、本当にごめんなさい！

ドン　ウァーリ　ウィ**オ**ウソ　ジャス　　ガーリゥ
Don't worry, we also just got here.

心配しないで、ぼくたちもさっき着いたばかりなので。

シュルィ　　　**アー**スクバウッデゥ
Should we ask about their

ルェクメン**デ**イシュンズ　　ス**キュ**ーズミ
recommendations? Excuse me!

おすすめを聞こうか？　店員さん！

（呼ばれた店員さん、驚いてお皿とかフォークとかを落としてしまう）

オゥ　アチュ**ウ**ーリ　ウパルジャイズ
Oh!　I truly　apologize ...

あっ、まことに申し訳ございません…

ノゥァー**リ**ーズ
No worries!

大丈夫ですよ！

54

LESSON2　おわびする

 解説

会話で紹介した表現以外でも、カジュアルな場面では「My bad!（ごめん!）」や「Oops, sorry!（おっと、ごめんね）」がよく使われます。一方で、ビジネスやフォーマルな場では「I sincerely apologize.（心からお詫び申し上げます）」のような表現が適切です。また、「No worries!（気にしないで）」のように、相手が謝罪したときに「大丈夫だよ」と返す表現も英会話では重要です!

| LESSON | DAY1　感謝とおわび |

3 どういたしまして

シュア
Sure!
（いいよ。）

重い荷物を運ぶのを手伝って感謝された

シュア
Sure!
（いいよ。）

 発音はココに注意！

この「sure」ですが、実は「シュア」と発音する人もいれば、「ショァ」と発音する人もいます。これは地域によって違ったりします。カナダでは一般的に「シュア」が好まれます。

\ 聞いてみよう /

SCENE　ホストファミリーにお世話になる。

ノプ**アー**ブルン 👄
No problem!
（たいしたことないよ！）

車で観光地に連れていってくれたホストファザーにお礼を言った

ノプ**アー**ブルン 👄
No problem!
（たいしたことないよ！）

 発音はココに注意！

「problem」の「o」は「オ」の音より「ア」の音に近いです。また、「e」も「エ」ではなくあいまい母音の「ウ」に近い音なので、「l」とくっついて「ル」になります。

DAY 1 感謝とおわび

イッツマ　プ**レ**ジュー
It's my pleasure!
（とんでもない！）

お土産を渡して感謝してくれた相手に

イッツマ　プ**レ**ジュー
It's my pleasure!
（とんでもない！）

 発音はココに注意！

はっきり、ゆっくり発音するときには「マイ」と言うかもしれませんが、さらっと言うときには「マイ」の「イ」を取って「マ」だけ発音することも多いです。

LESSON3　どういたしまして

ドン　ウァーリ　ウバウリッ
Don't worry about it!
（大丈夫、気にしないで！）

お茶をこぼして謝られた相手に

ドン　ウァーリ　ウバウリッ
Don't worry about it!
（大丈夫、気にしないで！）

 発音はココに注意！

「don't」の「t」は次の音が「w」なので発音せず、「it」の「t」も発音せず、「ッ」と置き換えましょう。「about」と「it」もくっついて「t」を「ラ行」で発音します。

DAY1　感謝とおわび

プリーズ　ドーヌパールジャイズ
Please don't apologize〜
（〜については、本当に大丈夫だから。）

ティーカップを割ってしまって深く謝っている相手に

プリーズ　ドーヌパールジャイズ
Please don't apologize.

ディーズ　フィングズ　ハープン
These things happen.

（よくあることだから、本当に大丈夫。）

 発音はココに注意！

「don't」の「t」は取ってしまうので、直前の「n」の音と「apologize」がくっついて「ヌパールジャイズ」になります。

ニュアンスの違い わかるかな?

軽い

Sure!
(いいよ!)
【軽い・カジュアル】

No problem!
(たいしたことないよ!)
【軽い・親しみ】

It's my pleasure!
(とんでもない!)
【丁寧・フォーマル】

Don't worry about it!
(大丈夫、気にしないで!)
【優しい・安心】

Please don't apologize~
(謝らないで、大丈夫だから)
【優しい・強め】

しっかり

ここがポイント♪

Sure!:友人や同僚の「ありがとう」や依頼に対して、気軽に「いいよ!」と返すときに使う。

No problem!:謝罪や感謝に対して、「気にしないで!」「大丈夫」と親しみを込めて返すカジュアルな表現。

It's my pleasure!:ビジネスやフォーマルな場面で、「喜んで!」と丁寧に返答するときに適切。

Don't worry about it!:小さなミスや謝罪に「本当に大丈夫!」と相手を安心させたいときに。

Please don't apologize~:相手が何度も謝るときに「もう謝らなくて大丈夫!」と優しく伝える表現。

DAY1　感謝とおわび

Let's talk!
実際に使ってみよう！

（ホストファミリーの家でお茶を飲んでいて…。）

　　ケナ　　　**テイキョ**　　**コ**ウッ
Can I take your coat?

コートとりましょうか？

フェンキュ
Thank you!

ありがとうございます！

シュア
Sure!

いえいえ！

フェンキュ　　　フヘォッンミ　　ウィマイ　**ラ**ゲジュ
Thank you for helping me with my luggage.

荷物を運ぶのを手伝ってくださってありがとうございます。

LESSON3　どういたしまして

ノゥ　プアーブルン
No　problem!

いいえ、どうってことないですよ。

ディーズ　ジャープニーズ　スイーッァ
These　Japanese　sweets are
フヨ　ファームリ
for your　family.

この和菓子、ご家族の皆様にどうぞ。

ハゥ　ラヴリ　フェンキュ
How lovely!　Thank you!

まあ！　ありがとう！

イッツマ　プレジュー
It's my　pleasure!

いいえ、ほんの気持ちです。

オゥノゥ　アスピォッ　スン　ティー
Oh no,　I spilled　some　tea
アンダ　ティボークラーフ　アン　ソゥ　サーウィ
on the　tablecloth.　I'm　so　sorry.

あっ、テーブルクロスにお茶をこぼしてしまいました。申し訳ありません。

ドン　ウァーリ　ウバウリッ
Don't　worry　about it!

気にしないで！

DAY1　感謝とおわび

イッツ**ジャ**スタ　リロ　ス**ピ**ォ
It's just a little spill.
ちょっとこぼれただけよ。

アイス**ティ**ォ フィォ **バ**ーッ
I still feel bad.
それでも申し訳ないです。

プ**リ**ーズ　ドーヌ**パ**ールジャイズ
Please don't apologize!
ウィーリ　イッツ **ナ**フィン　ウジュライッ
Really, it's nothing. Would you like
モー　**ティ**ー
more tea?
謝らないで！　本当に大したことじゃないよ。お茶をおかわりしますか？

ダッビ　　　**ワ**ンドゥフォー
That would be wonderful.
それは嬉しいです。

解説

ホストファミリーが「No problem!」「It's my pleasure!」と返事をすることで、相手をリラックスさせる雰囲気を作っています。「Please don't apologize!（謝らなくて大丈夫!）」も、相手が恐縮しないように優しく伝えるフレーズ。ネイティブは「Don't mention it!（気にしないで!）」や「Anytime!（いつでもどうぞ!）」のような、さらに親しみやすい言い方もよく使います！

ネイティブのつぶやき

ここがヘンだよ、日本の英語
～お店の名前が通じない？～

▶「マクドナルド」では通じない？

ネイティブが日本に来て驚くことはさまざまにありますが、とくに「通じない」と感じるのは、特定の商品名だったり、自分の国にもあるお店の名前です。

たとえば、「マクドナルド」。これ、ネイティブならば、

- マクドナルド → Mc Donald's **メッダーノーズ**

と言いたくなります。お互い通じなくなるわけですね…。ほかにも日米にあるお店だと、

- ケンタッキー → Kentucky Fried Chicken **ケンタキ ファーイッチキン**
- スターバックス → Starbucks **スターゥバックス**
- サーティーワン → Baskin&Robbins **バースキンルァービンズ**
- セブンイレブン → 7-ELEVEN **セヴニレヴン**

▶「コーラ」を頼んだら、水が出てきちゃった！

以前、立川志の輔師匠のラジオ番組に読んでいただいたときに伺ったエピソードです。志の輔師匠が海外に向かう飛行機のなかで「コーラが飲みたい」と思ったそう。そこで、外国人のCAに「コーラ、プリーズ」と頼んだそうですが、一向に出てこない。

何度も「コーラ、コーラ」と言っていたら、なんと「水」が出てきてしまったとか。

ネイティブは「コーラ」ではなく、「コーク」と言うのが一般的なのです。

- コーラ → Coka-Cola **コーウク**

そのCA、「water　ワールーor ウォーラ」と聞き間違えたのかも?しれませんね。

DAY

2

要望

LESSON 4
願望を伝える

LESSON 5
依頼する

LESSON 6
禁止する

LESSON DAY2 要望

4 願望を伝える

アワズ**ワ**ヌイン　　イファクッ
I was wondering if I could〜?
（〜させていただけないでしょうか）

遠慮がちに空港のスタッフに携帯の充電できるところがあるか尋ねる

アワズ**ワ**ヌイン　　イファクッ
I was wondering if I could

チャージュ　マイ　**フォ**ーウン　サン👄ウェア
charge my phone somewhere?
（すみません、携帯の充電ができる場所がありますでしょうか？）

 発音はココに注意！

「wondering」ははっきりと発音すると「ワンドゥイン」となりますが、「d」の前後が母音なので「ナ行」に変わり、さらっと「ワヌイン」と言うことが多いです。

\聞いてみよう/

SCENE 空港でさまざまな願望を伝える。

ウリッビ　　パースィボー トゥ
Would it be possible to〜?
（〜していただくことはできますか）

チケットカウンターで窓側の座席に変更できるか相談する

> ウリッビ　　パースィボー　トゥ
> **Would it be　possible　to**
> スイッチュ　トゥア　**ウィ**ンドウ　スィーッ
> **switch　to a　window　seat?**
> （窓側の座席に変更していただくことは可能でしょうか？）

 発音はココに注意！

「would it be」はビートルズの「let it be」を「レリッビ」と発音するのと同じ感覚で、「would」の「d」の前後が母音なので「ラ行」で発音します。

DAY2　要望

アッ**ラ**イッ　タ
I'd like　to〜
（〜させていただきたいのですが）

ビジネスクラスの案内パンフレットを見ながら、カウンターで交渉する

アッ**ラ**イッ　タインク**ワ**イユ　ウバウ**ラ**ッ⏝グエイリン
I'd like　to inquire　about upgrading
トゥ　**ビ**ズネス　ク**ラ**ース
to　business　class.
（ビジネスクラスへのアップグレードについて伺いたいのですが。）

 発音はココに注意！

最初の「to」は「タ」、2つ目は「トゥ」にしましたが、これは好みです。何かの理由ではっきりとしゃべらないといけないとき以外は、ネイティブは軽い「タ」と発音することが多いです。

LESSON4　願望を伝える

ア**ニ**ーッ　タ
I need to〜
（〜しなければならないのですが）

車椅子に座った高齢の母親の隣で、スタッフに事前搭乗したいと伝える

ア**ニ**ーッ　タルィクエッス　　プ**イ**ーボァリン　　フマイ
I need to request pre-boarding for my

エォドゥリ　**マ**ヴー
elderly mother.

（母が高齢なため、優先搭乗の申請をさせていただきたいのですが。）

 発音はココに注意！

有声音の「th」は、「ズ」や「ドゥ」のような強い破裂音ではなく、上の前歯と舌先の間で声を出しながら空気を通す音であるため、「ヴ」の音に近くなります。

DAY2　要望

アワナ
I wanna〜
（〜したいんですけど）

時計を指さしながら、焦った表情でフライトの変更を求める

アワナ	**チェ**インジュ	マイ	フ**ラ**イッ
I wanna	change	my	flight.

（フライトを変更したいんですけど。）

 発音はココに注意！

「wanna」は「want to」を短くしたバージョンで、会話ではほとんどの場合この「wanna」が使われます。「flight」は「フライト」ではなく語尾の「t」は取って「ッ」と置き換えます。

ニュアンスの違いわかるかな？

I was wondering if I could〜
（〜させていただけないでしょうか）
【とても丁寧・遠回し】

I'd like to〜
（〜させていただきたいのですが）
【控えめ・柔らかい】

I wanna〜
（〜したいんですけど）
【カジュアル・くだけた】

丁寧（遠回し）　→　カジュアル（はっきり）

Would it be possible to〜?
（〜していただくことはできますか）
【丁寧・直接的】

I need to〜
（〜しなければならないのですが）
【直接的・強め】

ここがポイント♪

I was wondering if I could〜：とても丁寧な依頼。フォーマルな場面に最適。
Would it be possible to〜?：丁寧だが少し直接的。配慮しつつお願いするときに。
I'd like to〜：穏やかに意志を伝える。ビジネスや日常でもOK。
I need to〜：必要性を強調。緊急性や重要なときに使う。
I wanna〜：カジュアルな表現だが、フォーマルな場で用件をはっきり伝えるときに使うことも。

DAY2 要望

Let's talk!
実際に使ってみよう!

(ナマケモノくんが高齢の母と飛行機に乗る。)

スキューズミ　　　アワズワヌイン　　　イファクッ
Excuse me, I was wondering if I could
チャージュ マイ フォーウン　サンウェア
charge my phone somewhere?
マイ バールイーザーォモウス　デッ
My battery is almost dead.

すみません、携帯の充電ができる場所がありますでしょうか。電池がもうすぐ切れそうで。

イエス ルアイッ ネックストゥラ　チェキン キャウヌー
Yes, right next to the check-in counter.

はい、チェックインカウンターのすぐ隣にございます。

LESSON4　願望を伝える

フェンキュ　オウソ　ウリッビ　パースィボー トゥ
Thank you. Also, would it be possible to

スイッチュ トゥア　ウィンドウ スィーッ
switch to a　window seat?

ありがとうございます。それと、窓側の席に変更できますでしょうか。

レミチェッ　オゥ　ウィハヴ　スン
Let me check ... Oh, we have some

ビズィニス クラース　ウィンドウ
business-class　window

スィーツァヴェイルボ
seats available.

確認させていただきます…、あ、ビジネスクラスの窓側のお席が空いているようです。

ルイーリ　アッライッ タインク**ワ**イユ
Really? I'd like to inquire

ウバウ**ラ**ッグエイリン トゥ　ビズネス　クラース　デン
about upgrading to business class then.

イッビモァ　**カ**ンフタボ
It would be more comfortable

フマイ**マ**ヴ
for my mother.

そうなんですか？　では、ビジネスクラスへのアップグレードについて相談させてください。母にとってより快適だと思いますので。

DAY2　要望

オフ**コ**ァス
Of course.
かしこまりました。

ア**オ**ゥソニーッ　タルィクエッス　プ**イ**ーボァリン
I also need to request pre-boarding.
事前搭乗もお願いしたいのですが。

ウィル**エ**インジュダッ　フユ　**ル ア**イルエイ
We'll arrange that for you right away.
すぐに手配させていただきます。

ア**ウィ**ーリ　ウプ**イ**ーシエイリッ
I really appreciate it.
本当に助かります。

ノプ**アー**ブルン　ウィォ　ハピル　**ヘ**ォッ
No problem! We're happy to help.
ウジュライカ**ス イ**ストゥンス　ウィヴョ
Would you like assistance with your
ラゲッジュ
luggage?
とんでもない！　お困りのことがあればお手伝いしますよ。お荷物を運ぶのをお手伝いしましょうか？

LESSON4　願望を伝える

ダッビ　　　グ**エ**ィッ
That would be great.
フェンキュ　ソゥ　**マ**ッチュ
Thank you so much!

それは助かります。本当にありがとうございます！

 解説

「I was wondering if I could 〜」は控えめで丁寧、「Would it be possible to 〜?」はもう少し直接的。「I'd like to 〜」ははっきり希望を伝え、「I need to 〜」は必ず対応してほしい強い表現です。

フライト変更なら「I'd like to 〜」、緊急時なら「I need to 〜」を使うなど、状況に応じて調整します。ビジネスでは「I was wondering if 〜」がよく使われ、礼儀正しい印象になりますよ！

| LESSON | DAY2 要望 |

5 依頼する

> アワズ**ワ**ヌイン　　イフュクッ
> **I was wondering if you could～**
> （～していただけないでしょうか）

フライト時間を変更する必要が出た

> アワズ**ワ**ヌイン　　イフュクッ
> **I was wondering if you could**
> **チェ**インジュ　トゥア**ヌ**ーァリウ　フライッ
> **change to an earlier flight.**
> （早い便に変更していただけないでしょうか。）

 発音はココに注意！

「earlier」は「アーリア」と発音するときのように口を大きく開けるよりは、「ウーァリウ」と言うときの口の開け方のほうが実際の音に近いです。

\ 聞いてみよう /

SCENE 空港でさまざまな依頼をする。

アッ**ウィ**ーリ　　ウプ**イ**ーシエイリ
I'd really appreciate it
リフュクッ
if you could〜
（〜していただけると大変ありがたいのですが）

ロストバゲージカウンターで荷物を探してほしい

アッ**ウィ**ーリ　　ウプ**イ**ーシエイリ　　リフュクッ
I would really appreciate it if you could

ヘォッミ　ロウケイッ　マイ　ミスィン　　**ラ**ゲジュ
help me locate my missing luggage.
（紛失した荷物を探すのを手伝っていただけると大変ありがたいのですが。）

 発音はココに注意！

「I'd」は「I would」の短縮形でして、会話では「I'd」を使うほうが一般的です。「appreciate」の最初の「a」はあいまい母音なので、「ウ」に近い音になります。

DAY2　要望

ウジュマイン
Would you mind〜?
（〜していただけませんか）

隣に座っている人に荷物を見ていてくれるかを笑顔でたずねる

ウジュマイン　　　　　**ワーチン**
Would you mind watching

マイ**バ**ーッ　フア　モウ**ム**ン
my bags　for a　moment?

（少しの間、荷物を見ていただけませんか。）

 発音はココに注意！

「Would you mind」はくっつけて「ウジュマイン」と発音すると自然に聞こえます。「moment」の「e」はあいまい母音なので「ウ」に近い音です。前に「m」があるので「ム」になります。

LESSON5　依頼する

クジュ　プリーズ
Could you please〜?
（お手数ですが、〜していただけますか）

スタッフに大きなスーツケースを持ち上げてくれるか頼む

クジュ　　プリーズ　　ヘォッミ
Could you please help me

リッフディス　スーッケイス
lift this　suitcase?

（すみませんが、このスーツケースを持ち上げるのを手伝っていただけますか。）

 発音はココに注意！

「lift」の「t」はそのあとが子音なのでサッと消して、その前の「f」と「this」をくっつけて「リッフディス」と発音します。

DAY2 要望

> プリーズ　メイッ　**シュ**ァ
> # Please make sure〜
> （必ず〜してください）

チェックインカウンターのスタッフに特別機内食の確認をする

プリーズ　メイッ　シュァ　マイスペショ　**ミー**ォ
Please make sure my special meal

ルィクエッス　ハズビン　プ**ア**ーセッス
request has been processed.

（特別食のリクエストが処理されているかご確認いただけますか。）

 発音はココに注意！

「special」と「meal」の「l」は「オ」に近い音なので、「スペショ」と「ミーォ」と発音しましょう。

ニュアンスの違い わかるかな？

I was wondering if you could〜
（〜していただけないでしょうか）
【とても丁寧・遠回し】

Would you mind〜？
（〜していただけませんか）
【丁寧・やや控えめ】

Please make sure〜
（必ず〜してください）
【強め・指示的】

控えめ

強い

I'd really appreciate it if you could〜
（〜していただけると大変ありがたいのですが）
【丁寧・感謝を強調】

Could you please〜？
（お手数ですが、〜していただけますか）
【丁寧・直接的】

ここがポイント♪

I was wondering if you could〜：控えめで丁寧な依頼。フォーマルな場面で使う。

I'd really appreciate it if you could〜：依頼と感謝を同時に伝える丁寧な表現。

Would you mind〜？：相手の負担を気遣いながらお願いする柔らかい依頼。

Could you please〜？：丁寧かつ直接的な依頼。ビジネスや日常でよく使う。

Please make sure〜：注意や確認を求める強めの指示。フォーマルな場面で使用。

DAY2 要望

Let's talk!
実際に使ってみよう!

(空港のロストバゲージカウンターで。ナマケモノくんが自分の荷物を受け取りに来た。)

アワズ **ワ**ヌイン　　　イフュクッ
I was wondering if you could
チェッダ　ス**タ**ールッサマイ
check the status of my
バーゲジュ　クレーイン
baggage claim?

(遠慮がちに)申し訳ありませんが、私の荷物の状況を確認していただくことは可能でしょうか。

LESSON5 依頼する

オフ**コ**ァス
Of course.

デュハヴョ　　ク**レ**ーイン　ティケッ
Do you have your claim ticket?

もちろんです。お手元に引換証はございますか？

ア**ウィ**ーリ　　ウプ**イ**ーシエチョ
I would really appreciate it,

イフユクッ　　ドゥイッ　**クィ**ックリ
if you could do it quickly.

急いでいただけると、たいへん助かります。

プ**リ**ーズ　ウェイラモウムン
Please wait a moment

ワイラ　　**チェ**ッ
while I check.

確認しますので、少々お待ちください。

ワイラ**ウェ**イッ　　ウ**ジュ**マイン
While I wait, would you mind

ウァーチン　マイ　**バ**ーッ
watching my bag?

待っている間、ちょっと荷物を見ていてもらえますか？

シュァ　ノプ**ア**ーブルン
Sure, no problem!

もちろん、いいですよ！

DAY2 要望

フェンクス オゥソ **クジュ** プリーズ
Thanks! Also, could you please
クンフーァミッフ マイ スペショ **ミー**ォ ルィクエッス
confirm if my special meal request
ハズビン プ**アー**セッス
has been processed?

ありがとう! それと、特別食のリクエストが処理されているか教えてもらえますか?

エン プ**リ**ーズ メイッ シュア イッツ グ**ル**ーンンフィー
And please make sure it's gluten free.

そして、必ずグルテンフリーでお願いします。

レミ **ヴェ**ゥィファイダッ フユナウ
Let me verify that for you now.

今すぐ確認しますね。

解説

よくネイティブは物事をはっきり言うという印象がありますが、日本語のような敬語はないものの、依頼の強さを調整して使い分けます。例えば、ホテルや空港でのお願いは「I was wondering if〜?」や「Could you please 〜?」、ビジネスメールでは「I'd really appreciate it if you could 〜」が丁寧です。カジュアルな場では「Can you 〜?」も使われますが、フォーマルな場面ではより丁寧な表現が好まれますよ!

> ネイティブのつぶやき

「ヤバい」のヤバさ
〜英訳するのが難しい日本語〜

▶ 感覚で使っている日本語、英語にすると…？

日常的に使われる日本の言葉の中で、特に英訳するのが難しい表現を見てみましょう！

① **「ヤバい」**
- ポジティブな使い方

「このケーキ、ヤバ！」→ "This cake is amazing!"
- ネガティブな使い方

「ヤバい、遅刻する」→ "Oh no, I'm gonna be late!"

→使い方：ポジティブにもネガティブにも、驚きを伝える強調表現

② **「なんか」**

「なんか違う」→ "Something feels off..."

「なんかいいかも」→ "I guess it might work..."

→使い方：断定を避け、会話を柔らかい印象にする表現

③ **「エモい」**

「夕陽がエモい」→ "This sunset hits different..."

「この曲エモい」→ "This song gives me all the feels."

→使い方：単なる「感動的」ではなく、心に深く響く特別な感覚を表現

これらの言葉は、文脈によって意味が変化し、英語に翻訳するのが難しい特徴を持ちます。日本語の新しい魅力を知るキーになりそうですね！

LESSON 6

DAY2　要望

禁止する

> ウジュマイン　　　ナッ
> **Would you mind not～?**
> （～しないでいただけませんか）

前の座席の乗客にリクライニングを倒さないようお願いして

ウジュマイン　　　ナッ
Would you mind not
ウィクライニンヨ　　**スィ**ーッ
reclining your　seat?
（座席を倒さないでいただけませんか？）

 発音はココに注意!

「not」の「t」の後が子音なので、サッと消して「ッ」と置き換えます。「o」も「オ」よりは「ア」に近い音なので、「ナッ」と言うと自然に聞こえます。

\聞いてみよう/

SCENE フライト中にやめてほしいことを伝える。

> プリーズ　　ドン
> # Please don't～
> （～しないでください）

機内食に小麦を入れないように頼む

プリーズ　　　ドウニンクルーレニ　　**ウィ**ーリン
Please don't include any wheat in

マイミーォ　　アハヴァ　　**ナ**ールジ
my meal. I have an allergy.

（アレルギーがあるので、食事に小麦を入れないでください。）

 発音はココに注意！

「allergy」は日本語では「アレルギー」と言いますが、これはドイツ語読みで、英語では「アールジ」と発音します。「an」とくっついて「ナールジ」になります。

DAY2　要望

ユシュルン
You shouldn't〜
（〜しないほうがいいです）

シートベルトサインがついている中、隣席の乗客がスマホを使っている

ュ**シュ**ルン　ユーズョ　ス**マ**ーッフォウン　ナウ
You shouldn't use your smartphone now.
（今は携帯電話を使用しないほうがいいよ。）

 発音はココに注意！

「but」は「バッ」と言ったり、「バ」と言ったりしますが、どっちでも大丈夫です。ちなみに「but」の後に母音がくる場合は「ラ行」で発音します。例えば「but if」は「バリッフ」になります。

LESSON6　禁止する

ュ**ケ**ーン
You can't〜
（〜はご遠慮ください）

置いてはいけない非常口の前に大きなスーツケースを乗客が置く

ュ**ケ**ーン　　プレイスダッ　**ラ**ゲジュ　　デゥ
You can't place that luggage there.

（そちらに荷物を置くことはできません。）

 発音はココに注意！

「can't」の「t」を発音しないと「can」に聞こえるのでは？　と心配するかもしれませんが、「ケ」の音を強く発音すればネイティブにはちゃんと「can't」に聞こえます。

DAY2　要望

> ドゥ**ナ**ッ　　アンドゥ **エ**ニ
> # Do not ～ under any
> スーァクン⌒スタンスズ
> # circumstances
> （いかなる場合も～は禁止されております）

客室乗務員が荷物を放置しないように注意する

ドゥ**ナ**ッ　　リーヴョ　　バーグザナ**テ**ンデッ
Do not leave your bags unattended

アンドゥ　**エ**ニ　スーァクン⌒スタンスズ
under　any　circumstances.

（いかなる場合も手荷物から目を離さないでください。）

 発音はココに注意！

「leave your」はくっついて「リーヴョ」と発音します。「circumstances」の「cir」も「サー」よりは「スーァ」が実際の音に近いです。

ニュアンスの違い わかるかな？

控えめ

Would you mind not～
（～しないでいただけませんか）
【丁寧・控えめ】

Please don't～
（～しないでください）
【丁寧・直接的】

You shouldn't～
（～しないほうがいいです）
【助言・やわらかい】

You can't～
（～はご遠慮ください）
【禁止・強め】

Do not～under any circumstances
（いかなる場合も～は禁止されております）
【最も強い・きびしい】

強い

ここがポイント♪

Would you mind not～：相手に配慮して、やんわりお願いするときに使う表現。

Please don't～：丁寧に「～しないでほしい」と伝えたいときにピッタリ。

You shouldn't～：優しく助言したいときに使う、ソフトな注意の表現。

You can't～：少し強めに「～はダメだよ」と伝えるときに使う。

Do not～under any circumstances：絶対にNGなことを、しっかり伝えたいときに使う表現。

DAY2　要望

Let's talk!
実際に使ってみよう!

（飛行機に乗り込んだナマケモノくん）

スキューーズミ　　　ウジュマイン　　　ナッ
Excuse me, would you mind not
　ウィクライニンヨ　スィーッ　アンミューズィン
reclining your seat? I'm using
　マイ　ラーッタッ
my laptop.

（前の席を大きく倒そうとする客に）すみません、パソコンを使っているので、席を倒さないでいただけませんか？

オゥ　アン　サーウィ　オフコァス
Oh, I'm sorry. Of course.

あ、すみません。もちろんです。

LESSON6　禁止する

ウジュライッ　スン　ピーナッツ
Would you like some peanuts?
ピーナッツどう？

プリーズ　ドウニーッ　ドウズ　ニゥミ
Please don't eat those near me.
アハヴァ　スィヴィァ　ピーナッ　アールジ
I have a severe peanut allergy.
ごめん、それを近くで食べないで。重度のピーナッツアレルギーがあるので。

オアディリンノウ　アン　ウィーリ　サーウィ
Oh, I didn't know! I'm really sorry!
えっ、知らなかった！本当にごめんなさい！

ノゥァーリーズ　アイウプイーシエチョ
No worries, I appreciate your
アンドゥスタンディン
understanding.
大丈夫、理解してくれてありがとう。

ユシュルン　ユーズョ　フォウン　ナウ
You shouldn't use your phone now.
ダスィーッベォッ　サイニズ　アーン
The seatbelt sign is on.
今は携帯を使わないほうがいいよ。シートベルトサインがついているから。

DAY2　要望

オア **ディ**リンニーヴン　**ノ**ゥリス
Oh, I didn't even notice!
フェンクスフ　　**テ**リンミ
Thanks for telling me.
あ、気づかなかった！　教えてくれてありがとう。

ノプ**ア**ーブルン　アジャス　　ドンワンネニワン
No problem!　I just　don't want anyone
トゥゲリン　チュ**ア**ボー
to get in trouble.
大丈夫！　ただ、誰かが困るといけないからね。

スーァ　　ユ**ケ**ーン　　プッダッ　**バ**ーッグ　デゥ
Sir, you can't put that　bag　there.
イッツ　ブ**ラ**ーキン　ディ　イ**ム**ーァジュンスィ エッグズィッ
It's blocking the emergency　exit.
（窓側の客に）すみません。非常口を塞いでしまいますので、そこにバックを
置かないでください。

デュール　スィヴィーァ　**トゥ**ービュルンサヘッ
Due to　severe turbulence ahead,
ドゥ**ナ**ッ　　リーヴョ　　スィーランドゥ
do not leave your seat under
エニ　スーァクンスタンスズ
any　circumstances.
（機内アナウンスが流れて）強い乱気流が予想されるため、いかなる場合でも
席を離れないでください。

LESSON6　禁止する

解説

この会話では、「〜しないでほしい」とやんわり伝える表現から強く禁止するときに使う表現が紹介されています。
実は、英語でも直接「ダメ!」と言うより、「I'd appreciate it if you didn't 〜.(〜しないでくれると助かるな)」や「I'd prefer if you didn't 〜.(〜しないでほしいな)」のようにやんわり伝えることもよくあります。特に職場や公共の場では、柔らかい表現を使うと角が立たずにスムーズに伝わりますよ!

DAY **3**

同意・
反対・
理解

LESSON 7
同意する

LESSON 8
反対する

LESSON 9
理解する

LESSON **7** DAY3 同意・反対・理解

同意する

イェアー
Yeah
（うん）

「公園イベント」のポスターを見て、「いいよね」と聞かれて

イェアー イ**ル**ックス ライッ **ファ**ン
Yeah, it looks like fun!
（うん、楽しそうだね！）

 発音はココに注意！

「yeah」は「yes」よりくだけた表現ですが多くの場面で使われています。「ya」ですと「yeah」よりさらにカジュアルで、主に話し言葉で使われます。

\聞いてみよう/

SCENE 友だちと休日の公園をブラブラする。

サウンズ　**グッ**
Sounds good
（いいね）

ストリートフェスのチラシを見ながら「一緒に行かない？」と誘われて

サウンズ　**グッ**　　レミ　　チェッ　マイ　ス**ケ**ジュォ
Sounds good! Let me check my schedule.
（いいね！　予定を確認してみるね。）

 発音はココに注意！

「good」はほとんどの場合、最後の「d」は発音しません。
「schedule」の「le」は「オ」として発音することが多いです。

DAY3　同意・反対・理解

<ユァ> **ルアイッ**
You're right
（その通り）

路上ミュージシャンの演奏をきいて「サイコーだね」と聞かれて

<ユァ> **ルアイッ**　デウメイズィン
You're right！They're amazing!
（ほんと！　素晴らしいね！）

 発音はココに注意！

「they're amazing」の「they're」は「デァ」と発音してもよいですが、「amazing」の最初の「a」が「ウ」の音に近いあいまい母音なので、くっつけて「デウメイズィン」と言ったほうが自然に聞こえます。

LESSON7　同意する

デフニッリ
Definitely
（間違いない）

路上ミュージシャンの募金箱を指すネコさんに答えて

デフニッリ　　ウィシュッ　　**ヘ**ォッ
Definitely ! We should　help

ス**ポ**ーァッ　　デン
support　them.

（大賛成！　ぼくたちも支援すべきだよ。）

 発音はココに注意！

「definitely」の最初の「i」は「ウ」の音に近いあいまい母音なので「fi」を「フ」と発音し、「t」はそのあとに子音がくるのでサッと消して「ッ」と置き換えて、「デフニッリ」と言いましょう。

DAY3　同意・反対・理解

ダツェッグ **ザ**ーックリ
That's exactly
ワラワズ　　**フィ**ンキン
what I was thinking
（まさに同じこと考えていた）

感動した2人はバンドをやろう！ということに

ダツェッグ **ザ**ーックリ　ワラワズ　**フィ**ンキン
That's exactly what I was thinking!

レッツ　スターラ　**バ**ーン　トゥゲヴー
Let's start a band together!

（まさにボクも同じことを考えてた！一緒にバンドを始めよう！）

 発音はココに注意！

「that's」と「exactly」はくっつけて発音します。「exactly」の「t」は子音が続いているのでサッと消して「ctly」は「cly」のように発音します。

ニュアンスの違いわかるかな?

Yeah
(うん)
【軽い・カジュアル】

弱

Sounds good
(いいね)
【前向き・やわらかい】

You're right
(その通り)
【同意・肯定】

Definitely
(間違いない)
【強い同意・確信】

That's exactly what I was thinking
(まさに同じこと考えていた)
【強い共感】

強

ここがポイント♪

Yeah:カジュアルな場面での軽い同意にピッタリな返事。
Sounds good:提案やアイデアに前向きに応じるときの表現。
You're right:相手の意見にしっかり同意したいときに使う。
Definitely:強く確信を持って「その通り!」と伝えるときに。
That's exactly what I was thinking:全く同じ考えだったことを伝えたいときにピッタリ。

DAY3　同意・反対・理解

Let's talk!
実際に使ってみよう!

（公園のステージ前で、ナマケモノくん、ネコさんの2人がジャズライブを観ている）

　　イッツ　　ゲリン　　アビッ　ク**ワ**ーウレッ　ヒゥ
It's getting a bit crowded here,
　イズニッ
isn't it?
ここ、ちょっと混んできたね？

　　イェアー　　ア**リ**ロビッ
Yeah, a little bit.
うん、ちょっとね。

LESSON7 同意する

シュイ **ム**ーヴ トゥ ドーゥ**ゼン**ティ
Should we move to those empty
スィーツォウヴ **デ**ゥ
seats over there?
あそこの空いてる席に移動する?

サウンズ **グ**ッ ウィォ ハヴァ
Sounds good, we'll have a
ベル **ヴュ**ー**トゥ**ー
better view too.
いいね、見やすくなりそうだし。

ダチュ**ア**ンペッ プレイユ ハズ **サ**ッチュ
The trumpet player has such
グエイッ テック**ニ**ーッ
great technique!
トランペット奏者、すごくテクニックがいいね!

ユァ **ル**ア**イ**ッ ヒザ**メ**イズィン
You're right! He's amazing!
だよね! めちゃうまいよね!

ウィシュッ ス**テ**イ フヒズ セクン セッ
We should stay for his second set
トゥー
too.
2回目のステージも見ようよ。

107

DAY3　同意・反対・理解

デフニッリ　ディスィズ　トゥーグッ　トゥ　ミス
Definitely ! This is too good to miss.

大賛成！　これは見逃せないよ。

ウィシュッ　スターッ　プアックティスィン　ジャーズ
We should start　practicing　jazz
トゥゲヴァー
together.

2人で一緒にジャズの練習始めるってのはどう？

ダツェッグ **ザ**ーックリ　　ワラワズ　　**フィ**ンキン
That's exactly　what I was thinking!
ウィシュッ　　フォーマ　**ジャ**ーズ **デュ**ーオ
We should form a　jazz　duo!

まさにそう思ってた！　ぼくたちでジャズデュオを結成しようよ！

ダッ　サウンズ　ライカ　フン**ター**スティッカイディア
That sounds like a　fantastic idea!
レッツ　メイカ　　プ**ラ**ーネン　ファイナ
Let's make a plan and find a
プレイスタ　プ**ア**ーッティス
place to　practice.

それは素晴らしいアイデアね！　計画を立てて練習場所を探しましょう。

グ**エ**イッ　アン⌣　**ル**イーリ
Great!　I'm　really
エック**サ**イレルバウッ　ディス
excited about　this.

いいね！　すごく楽しみだよ！

108

LESSON7　同意する

 解説

この会話では、「同意を表すフレーズ」のニュアンスの違いがよく分かります。「Yeah, a little bit.」という軽い相槌程度から「That's exactly what I was thinking!」「まさにそう思ってた!」と、完全に同じ考えであることを伝えるフレーズを紹介しています。
ほかにも、ちょっとした同意なら「For sure!(そうだね!)」や「Absolutely!(間違いない!)」もよく使います。また、「I couldn't agree more!(これ以上ないくらい賛成!)」のように、より強調した言い方をすると熱意が伝わりますよ!

| LESSON | DAY3　同意・反対・理解 |

8 反対する

> ア**スィ**ーイッ **ディ**フエンッリ
> **I see it differently**
> （ちょっと違う見方だな）

「お正月は家でゴロゴロするのが一番」と主張する家族に…

ア**スィ**ーイッ **ディ**フエンッリ　　ゴイン
I see it differently. Going
アウリズ　**マ**ッチュ　モァ　**ファ**ン
out is much more fun!
（ぼくはちょっと違うかな。外出するほうが断然楽しいよ！）

 発音はココに注意！

「going out」のリンキング（前後をつなげる）は人それぞれで、あってもなくても大丈夫です。つまり、ここのように「ゴイン　アウリズ」と言ってもいいし、「ゴイナウリズ」と言ってもいいです。

\聞いてみよう/

SCENE 実家に帰省中。

ンナッ　シュア　ウバウッダッ
I'm not sure about that
（それはどうかなぁ）

家族が午後に一番に初詣に行こうと提案してきたが…

ンナッ　シュア　ウバウッダッ
I'm not sure about that ...

イッツダ　ビズィエッス　タイン
It's the busiest time.

（それはどうかなぁ。一番混む時間だよ。）

 発音はココに注意！

「I'm not sure」をはっきりと「アン　ナッ　シュア」と発音しても OKですが、ネイティブはかなりはしょってサラッと「ンナッ　シュア」 と言うことが多いです。

DAY3　同意・反対・理解

ダッツ**ナ**ッ　ルィーリ　ワッ
That's not really what〜
（ちょっと違う〜）

おじいちゃんから着物をすすめられたけど…

ダッツ**ナ**ッ　ルィーリ　ワラハリン
That's not really what I had in
マイン　ワルバウッ　**ディ**ス　カルー
mind. What about this color?
（ぼくが思っていたのとは違う。この色はどう？）

 発音はココに注意！

「what I had in」は「what」の「t」と「had」の「d」を「ラ行」で発音して、全部くっつけて「ワラハリン」と言いましょう。

LESSON8 反対する

アディスグ**イ**ー
I disagree
（反対）

家族が帰省のスケジュールを提案したけれど…

アディスグ**イ**ー　**ディー**ズ　デイッツ
I disagree.　These　dates
ドン　**ウォ**ーァッ
don't　work.

（反対。この日程は無理だよ。）

 発音はココに注意！

「work」は「ワーク」ではなく、「ウォーァッ」が近い音。ちなみに「walk」は「ウァーッ」に近いです。ただし、イギリス英語だと、逆だったりします！

DAY3　同意・反対・理解

> ダッツ**ナ**ッ　　ルァイラ**ラ**ーォ
> **That's not　right at all**
> （それは絶対に違う）

家族が「今年は初詣をやめよう」と言ったけど…

> ダッツ**ナ**ッ　　ルァイラ**ラ**ーォ
> **That's not　right at all**！
>
> イツァ　　**ファ**ームリ　チュア**ディ**シュン
> It's a　　family　tradition.
>
> （それはないでしょ！　いつも家族でやってるのに。）

 発音はココに注意！

「family」の「i」に「ウ」の音に近いあいまい母音なので「ファミリ」よりは「ファムリ」が実際の音に近いです。「tradition」の「tr」は「チュ」の音なので「チュアディシュン」と言いましょう。

ニュアンスの違い わかるかな？

弱

I see it differently
（ぼくはちょっと違う見方だな）
【穏やか・柔らかい反対】

I'm not sure about that
（それはどうかなぁ）
【控えめ・疑問】

That's not really what〜
（ちょっと違う…）
【遠回し・やんわり否定】

I disagree
（反対）
【はっきり・直接的】

That's not right at all
（それは絶対に違う）
【強い否定・断固反対】

強

ここがポイント♪

I see it differently：優しく自分の違う意見を伝えるときに。
I'm not sure about that：控えめに疑問を示したいときに使う表現。
That's not really what〜：遠回しにやんわり否定したいときに。
I disagree：シンプルに反対の意見を伝えるときに使う。
That's not right at all！：強く否定したいときにピッタリの表現。

DAY3　同意・反対・理解

Let's talk!
実際に使ってみよう!

（お正月に実家に帰ったナマケモノくん）

レッツ　ジャステイ　ホーウンメン
Let's just stay home and
ワッチュ ティーヴィー　　フニュー　　イーァズ
watch　TV　　for New　Year's.
お正月はテレビでも見てゆっくり家で過ごそう。

アスィーイッ ディフエンッリ　ニュー　イーァイズ
I see it　differently. New　Year's
プーァフェッ　フゴイン　　アウレン　チュアイン
perfect　for going　out and　trying
ニュー フィングス
new　things.
ぼくはちょっと違う考えだなぁ。お正月は新しいことにチャレンジするのにピッタリだと思うよ。

LESSON8　反対する

デン　　レッツ　ゴウ　　トゥラ　　シュアインナッ
Then let's go to the shrine at
ヌーン　　イロウビ　**ウォ**ーァム
noon. it'll be warmer.
じゃあ、お昼に初詣に行きましょう。暖かくなってるし。

ンナッ　　シュア　　ウバウッダッ
I'm not sure about that ...
モウス　　ピーポ　　　ゴウルァウン　　ダッ**タ**イン
Most people go around that time.
それはどうかな…。みんなその時間に行くよ。

ハウバウッ　　ウィジュ**ア**イヴ　　デゥ
How about we drive there?
イロビ　**ファ**ーストゥ
It'll be faster.
車で行くのはどう？　早いし。

ダッツ**ナ**ッ　ルィーリ　　**ワ**ッウッ　　ウォーァッ　**ベ**ッス
That's not really what would work best.
パーキン　　ウィォビ　イン**パ**ッスィボー
Parking will be impossible.
それはよくない。駐車できないと思う。

デン　　**レ**ッツ　　テイカ　　**タ**ークスィ
Then let's take a taxi.
イ**ツォ**ンリ　アフーァリミニッ　**ル**ァイッ
It's only a 30-minute ride.
じゃあタクシーにしましょう。30分くらいよ。

117

DAY3　同意・反対・理解

アディスグ**イ**ー　　ウィッダ　　**ハ**ーリデイ　チュ**ア**ーフィッ

I disagree. With the holiday   traffic,

イロテイッ　**マ**ッチュ　**ラ**ーングー

it'll take much   longer.

ちがう。お正月の渋滞だと、もっと時間かかるよ。

ウェォ　メイビ　　　ウィシュッ　　ス**キ**ッ👄

Well, maybe we should   skip

ダシュ**ア**イン　ヴィズィッ　アーォトゥ**ゲ**ヴ　ディスィーァ

the shrine   visit   altogether this year.

じゃあ、今年は（家族そろっての）初詣はやめにするか。

ダッツ**ナ**ッ　　ルァイラ**ラ**ーォ

That's not right at all!

イツァ　**ファ**ームリ　チュア**ディ**シュン

It's a   family   tradition.

ウィ　**ケ**ーンスキ**キ**ピッ

We can't skip it!

それはないでしょ！　いつも家族でやってるのに、やめるなんて論外！

LESSON8 反対する

 解説

「I see it differently.」は「私はちょっと違う考えだな」と穏やかに意見を述べる表現ですが、これはコミュニケーションスキルの鉄板表現です。

また、もう少しはっきりと反対するときに 「I don't think that's a good idea.（それはいい考えじゃないと思う）」のように、「I don't think」を使うことで柔らかく反対することができます。「I see what you mean, but〜（言いたいことはわかるけど〜）」のように、最初に相手の意見を認めつつ反対すると、よりスムーズに意見を伝えられますよ！

| LESSON 9 | DAY3　同意・反対・理解 |

理解する

アソーァラ　　ゲリッ
I sort of get it
（なんとなくわかる）

ちょっとだけ理解できてきたけど…

アソーァラ　　ゲリッ
I sort of　get it

バリッツナッ　　ク**リ**ゥイエッ
but it's not　clear yet.
（なんとなくはわかるけど、まだ完璧ではない。）

 発音はココに注意！

「of」は会話では多くの場合「オヴ」ではなく「ア」と言います。この場合、「sort」の「t」の後に母音の「o」が来るので「ラ行」で発音し、「ソーァラ」になります。

\聞いてみよう/

SCENE テスト勉強をしている。

オゥ　**ナ**ウア　スィー
Oh, now I see.
（あぁ、なるほど）

先生の説明を聞いて、「なるほど！」という気持ちに

オゥ　**ナ**ウア　スィー
Oh, now I see.

イッツ　ス**タ**ーリン　トゥ　メイッ**セ**ンス
It's starting to make sense.

（あぁ、なるほど。だんだんわかってきた。）

 発音はココに注意！

「starting」の2つ目の「t」の前後に母音の音がくるので、「ラ行」で発音し、「スターリン」となります。

DAY3　同意・反対・理解

アイ　アンドゥス**ター**ン　ナウ
I understand now!
（理解できた！）

苦戦した問題がようやく解けた

イッ**トゥ**ッ　**タ**イン
It took time

ブラ　アンドゥス**ター**ン　ナウ
but I understand now!

（時間かかったけど、やっと理解できた！）

 発音はココに注意！

「but」は「バッ」と「バ」以外にも「ブ」と言うときもあり、「but I」は実は「バラ」でも「ブラ」でも大丈夫です。「バッア」という発音は、イギリス英語で聞きそうです。

LESSON9 理解する

> ナウイ**ラ**ーォ　メイック**セ**ンス
> Now it all makes sense!
> （全部つながった！）

たくさんの問題を速いペースで解いている

ナウイ**ラ**ーォ　メイック**セ**ンス
Now it all makes sense!

アケン　ソウ**ヴァ**ドゥ　プアーブルン😙ズ　**トゥ**ー
I can solve other problems too!

（全部つながった！　これでほかの問題も解ける！）

 発音はココに注意！

ここまで、有声音の「th」を「ヴ」と記載することがありましたが、ここの「other」はその前の単語に「v」があり、当然「ヴ」と発音するので「ヴ」が2回くるのを避けるため、「ドゥ」にしました。

DAY3 同意・反対・理解

> アイ　アンドゥスターニッ　**プーァフェックリ**
> # I understand it perfectly!
> （完璧に理解できた！）

ほかの生徒に教えられるくらいわかった！

アイ　アンドゥスターニッ　**プーァフェックリ**
I understand it　perfectly!

アケニーブン　**ティー**チッ　ナウ
I can even　teach it　now!

（ばっちりわかった！今なら誰かに教えることもできる！）

 発音はココに注意！

「perfectly」の「t」は子音が続いているのでサッと消して、「ctly」は「cly」のように発音します。

ニュアンスの違い わかるかな？

弱

I sort of get it
（なんとなくわかる）
【あいまい・弱い理解】

Oh, now I see.
（あぁ、なるほど）
【気づき・納得】

I understand now!
（理解できた！）
【明確・しっかり理解】

Now it all makes sense!
（全部つながった！）
【完全な納得・理解】

I understand it perfectly!
（完璧に理解できた！）
【完全理解・強い確信】

強

ここがポイント♪

I sort of get it：はっきりとは言えないけど、少し理解できたときに。
Oh, now I see.：新しい発見や気づきを得た瞬間に使う表現。
I understand now!：説明や状況をしっかり理解したときにピッタリ。
Now it all makes sense!：バラバラの情報がつながって納得したときに。
I understand it perfectly!：迷いなく完全に理解したことを強調したいときに。

DAY3　同意・反対・理解

Let's talk!
実際に使ってみよう！

（イヌくんと勉強するナマケモノちゃん）

ディス　**マ**ーフ　プアーブルン　　アソーァラ　ゲリッ
This math problem, I sort of get it,
バリッツナッ　ク**リ**ゥイエッ
but it's not clear yet.
この数学の問題、なんとなくわかるけど、まだ完璧じゃなくて。

レミ　　ヘォピュ
Let me help you.
じゃあ、いっしょに考えよう。

オゥ　**ナ**ゥア　スィー
Oh, now I see...
（一緒に聞いてみて）あぁ、なるほど...。

LESSON9　理解する

チュ**ア**イ　サォヴィン　ダ**ネ**ックスワン　バイヨ**セ**ォフ
Try　solving　the next one by yourself!
次の問題、自分で解いてみて！

アイ　アンドゥス**タ**ーン　ナウ
I　understand　now!
わかった！

ルカウ　**ファ**ースチョ　**ソ**ゥヴィン　デン
Look how　fast you're solving them!
どんどん解けてるね！

ナウイ**ラ**ーォ　メイック**セ**ンス
Now it all　makes sense!
全部つながったよ！

クジュ　エックスプ**レ**イニッ　トゥミー　**トゥ**ー
Could you　explain it　to me　too?
ぼくにも教えてくれる？

アイ　アンドゥスターニッ　**プー**ァフェックリ
I　understand it　perfectly!
レミ　ショウユ　ハウル　**ドゥ**イッ
Let me　show you　how to　do it.
完璧に理解できたよ！　解き方を見せてあげるね。

 解説

「Got it!（わかった！）」や「Makes sense.（納得！）」もよく使われます。また、「It finally clicked!（やっと理解できた！）」のように、「頭の中でピタッとはまった」イメージを表す表現もありますよ！

DAY 4

期待と
心配

LESSON 10
期待する

LESSON 11
心配する

LESSON 12
願う

| LESSON | DAY4 期待と心配 |

10 期待する

アホウッ
I hope ～
（～だといいな）

はじめて行く有名カナダ料理のレストランが楽しみ

アホウピッツ　グッ
I hope it's good.
（いいお店だといいな。）

 発音はココに注意！

「hope」の「ホ」を強く発音して前後は弱く言いましょう。また、「hope」と「it's」はつなげて言うので「ホウピッツ」となります。

\聞いてみよう/

SCENE レストランに行くのが楽しみ。

アン😙　ルキン　**フォ**ーウァーットゥ
I'm looking forward to〜
（〜が楽しみ）

スマホでメニューを見て予約。ワクワクする

アン😙　ルキン　**フォ**ーウァーットゥ
I'm looking forward to

チュ**ア**イン　デゥ　**フ**ーッ
trying their food.

（そこの料理を食べてみるのが楽しみ。）

 発音はココに注意！

「forward」はとても難しい発音ですが、「フォー」「ウァーッ」「トゥ」と3つのかたまりを意識しながら練習しましょう。

DAY4　期待と心配

> アメック**サ**イレルバウッ
> I'm excited about〜
> （〜にワクワクする）

友人が楽しみだねと道すがら話している

アメック**サ**イレルバウッ　トゥナイッツ　**ディ**ヌー
I'm excited about tonight's dinner!
（今夜のディナー、めちゃくちゃ楽しみ！）

 発音はココに注意！

「excited about」ですが「t」と「d」の前後が母音であるため、両方とも「ラ行」で発音します。単語をつなげて言うと「エックサイレルバウッ」のようになります。

LESSON10　期待する

I can hardly wait to〜
アケン　　ハゥッリ　　ウェイットゥ
（早く〜したい）

お店の入り口からとってもいい匂いが！

アケン　　ハゥッリ　　ウェイットゥ　チュアイ
I can　　hardly　　wait to　　try

デゥフーッ　　　ダスメォ　　イズィンクエリボー
their food!　The smell　is incredible!

（料理を早く食べてみたい！　すごいいいにおいがする！）

 発音はココに注意！

「smell」の「l」は「ル」よりも「オ」と発音した方が実際の音に近い音に聞こえるので「スメル」ではなく「スメォ」と言いましょう。

DAY4　期待と心配

> アマーッ◡ソルーッリ
> **I'm absolutely**
> フリゥドゥバウッ
> **thrilled about〜**
> （〜にすごくワクワクする）

ついに出てきた素敵な料理、有名シェフが説明

アマーッ◡ソルーッリ　　フリゥドゥバウッ
I'm absolutely　thrilled about

ディス　スペショー　ディヌー
this　special　dinner!
（この特別なディナー最高！）

 発音はココに注意！

「absolutely」の「b」は口を閉じるだけでOK。また「t」も前後が母音なので、サッと消して「ッ」と置き換えましょう。

ニュアンスの違い わかるかな？

弱

I hope～
（～だといいな）
【控えめ・願望】

I'm looking
forward to～
（～が楽しみ）
【期待・ポジティブ】

I'm excited
about～
（～にワクワクする）
【強い期待・感情的】

I can hardly
wait to～
（早く～したい）
【待ちきれない】

I'm absolutely
thrilled
about～
（～にすごくワクワクする）
【大興奮】

強

ここがポイント♪

I hope～：控えめに未来への期待を伝えるときに使う表現です。

I'm looking forward to～：予定が決まっていることを楽しみにしているときに。

I'm excited about～：近づいている出来事にワクワクしている気持ちを伝えます。

I can hardly wait to～：「楽しみで待ちきれないとき！」にピッタリ。

I'm absolutely thrilled about～：大興奮している気持ちを強く表現したいときに使う。

DAY4　期待と心配

Let's talk!
実際に使ってみよう!

（友だちと話題のレストランを訪れるナマケモノくん）

ハヴュ　　　**ビ**ンヒゥ　　ビフォー
Have you been here before?
（メニューを開きながら）ここ来たことある？

ノゥ　ブラ**ホ**ゥッ　　　ダフーリザズ
No, but I hope the food is as
　　　　グラゼヴイワン　　　セズ
good as everyone says.
ないけど、評判通りおいしいといいな。

ルカッ　ディーズ　**フォ**ウロウズィンダ　**メ**ニュー
Look at these photos in the menu!
このメニューの写真見て!

LESSON 10 期待する

アン　　ルキン　**フォ**ーウァーットゥ チュアイン
I'm looking forward to trying

デゥ **スイ**ッナチュー **ディ**ッシュ
their signature dish.

看板料理を試すのが楽しみ。

エン　　デハヴァ　　スペショー **シェ**ッフス
And they have a special chef's

コァス　トゥレイ
course today.

今日はシェフズコースもあるみたいよ。

アメック**サ**イレルバウッ
I'm excited about

ダ**スイ**ーズノリング**イ**リエンツ　　デューズ
the seasonal ingredients they use!

季節の食材を使った料理がめちゃくちゃ楽しみ！

オー**ル**ッ　　ダ**シェ**フィズ　　プイペーイン
Oh, look! The chef is preparing

アゥ**ラ**ープタイズー　ナウ
our appetizer now.

あ、見て！　シェフが前菜を作り始めたよ。

アケン　**ハ**ゥッリ　**ウェ**イットゥ **テ**イスティッ
I can hardly wait to taste it!

早く食べてみたい！

DAY4　期待と心配

ヒゥカン⇔ズダ　シェッフ
Here comes the chef!

シェフがぼくたちのテーブルに来る!

アマーッ⇔ソルーッリ　フリゥドゥバウッ
I'm absolutely thrilled about
ディス　ホーゥレックスピーウィゥンス
this whole experience!

この特別な体験、ほんとに最高!

アホウッ⇔　デスティォハヴ　ダッ　フェイムス
I hope they still have that famous
ディズーァランドゥ　メニュー
dessert on the menu.

あの有名なデザートがまだメニューにあるといいな。

解説

この会話では、期待を表す表現を控えめな期待の表現から最高にワクワクしている! という興奮した気持ちを伝える表現を紹介しています。実際の会話では他にも何かを期待しているときに使う表現はたくさんあります。
たとえば、「Can't wait!(待ちきれない!)」もよく使われます。また、「I'm dying to try this!(これを試すのが待ちきれない!)」のように、さらに強調した表現もあります!

> ネイティブのつぶやき

ネイティブっぽ!な表現①
Come on

"Come on"(カモン) は「こっちに来て!」だけじゃない! 励まし、疑い、催促、イライラ、皮肉など、文脈で意味が変わる便利フレーズなんです。さっそく使って、ネイティブっぽさを味わってみて!

| 励まし | A: I can't climb this ladder. (このはしご、高すぎて登れない…。)
B: **Come on,** you're almost there! (**大丈夫!** もう少しだよ!)

| 疑い | A: I heard our boss is actually an alien.(社長って実は宇宙人らしいよ。)
B: **Come on**, you can't be serious.(**は?** さすがにそんなの信じないよね?)

| 催促 | A: Just need to check one more email...(あとメール1件だけ確認させて…。)
B: **Come on**, the train leaves in 2 minutes! (**早く!** あと2分で電車出ちゃう!)

| イライラ | A: I accidentally deleted your presentation.(間違えてプレゼン消しちゃった…。)
B: Oh **come on**! I spent three hours on that! (**もう!** 3時間かけたのに!)

| 皮肉 | A: I walked to the station today instead of taking the bus.(今日、バスではなく駅まで歩いたよ。)
B: **Come on**, it's only a 10-minute walk! (**は?** たった10分の距離じゃん!)

LESSON	DAY4 期待と心配
11	# 心配する

アワンドゥー
I wonder〜
（〜かなぁ）

新商品を見て「これどうなんだろ？」と首をかしげる

アワンドゥー　イフ　ディスィゼニ　　**グッ**
I wonder if this is any good.
（これ、おいしいのかなぁ。）

 発音はココに注意！

「wonder」ですが、ここでは「d」を発音して「ワンドゥー」にしましたが、「nd」の後に母音がくるときには「d」が消えて「ナ行」で発音することも可能です。その場合、「アワヌー　イフ」となります。

\聞いてみよう/

SCENE スーパーマーケットに買い物に来ている。

アマ**ビッ**　**ウァ**ーリッ
I'm a bit worried
（ちょっと心配）

エコバッグを持ってきたけど、カートにはいっぱいの荷物。

アマ**ビッ**　**ウァ**ーリッ　ディスウォン　**フィッ**
I'm a bit　worried　this won't　fit.

（これ全部入るか、ちょっと心配。）

 発音はココに注意！

「worried this」ですが、「worried」の「d」と「this」の「th」の音が似ているので「d」は消えます。単語の語尾と次の単語の最初の音が似ている場合は片方の音が消えることがよくあります。

DAY4　期待と心配

ンナッシュア
I'm not sure
（微妙だなぁ）

試食コーナーで「納豆チョコ」をくれた

ンナッシュア　　バウ**リ**ーリン　　ディス
I'm not sure　about eating　this.

（これ食べるの、ちょっと不安。）

 発音はココに注意！

「about eating」の「t」は両方とも前後が母音なので、両方とも「ラ行」で発音します。

LESSON11 心配する

アン⇔ ウァーリッ
I'm worried
（心配）

レジが混んでいて時間が心配

アン⇔ ウァーリルバウッダ   タイン⇔
I'm worried about the time.

（時間が心配だ。）

 発音はココに注意！

「about」の「t」の後に子音がくるのでサッと消して「ッ」と置き換え、「ウバウッダ」になります。

DAY4　期待と心配

アン😙　**ルイーリ　ヌーァヴス**
I'm really nervous
（すごく不安）

支払い額が多くてカードの支払いがとても不安

アン😙　**ルイーリ　ヌーァヴス**
I'm really nervous

ウバウッディス　ペイムン
about this payment.
（この支払い、すごく不安だ。）

 発音はココに注意！

「nervous」のことを日本語でも「ナーバス」と言いますが、英語ではどちらかと言うと「ヌーァヴス」に近いです。「payment」の「e」も「ウ」に近いあいまい母音なので「ペイムン」と言いましょう。

ニュアンスの違い わかるかな?

弱

I wonder〜
（〜かなぁ）
【軽い疑問・気がかり】

I'm a bit worried
（ちょっと心配）
【軽い心配・不安】

I'm not sure
（微妙だなぁ）
【不確か・自信がない】

I'm worried
（心配）
【明確な心配・不安】

I'm really nervous
（すごく不安）
【強い不安・緊張】

強

ここがポイント♪

I wonder 〜：ちょっとした疑問や気がかりを軽く伝えたいときに。
I'm a bit worried：小さな不安をやんわり伝えるときに使う表現。
I'm not sure：自信がないときやあいまいな気持ちを示したいときに。
I'm worried：はっきりと心配している気持ちを伝えるときに。
I'm really nervous：強い不安や緊張を感じているときにピッタリ。

DAY4　期待と心配

Let's talk!
実際に使ってみよう!

（スーパーでホームパーティーの買い出しをしている。）

ア**ワ**ンドゥー　イフ　ディスウィォ　**ラ**ーサンティォ
I wonder　if　this will　last until
ダ**パ**ーリ
the party ...

（新商品の賞味期限を見ながら）賞味期限、パーティーまでもつかな。

ル ッ カォメニ　　　　**ピ**ーポラー　イン**ラ**イン
Look how many　people are　in line.

この列の人数見て。

アマ**ビッ**　　**ウァ**ーリルバウッダ
I'm a bit　worried about the
ウェイッ　タイン
wait　time.

待ち時間がちょっと心配だな。

LESSON11　心配する

ディジュ　　ブインヨ　　**エ**コバーグズ
Did you　bring your　eco bags?
エコバッグ持ってきた？

オゥ　　ン**ナ**ッシュア　イファ　**パー**ッデン
Oh, I'm not sure if I packed them.
あれ？　持ってきたかなぁ。

ビカズュ　　　**バ**ーッ　クワイラ**ラ**ッ　トゥレイ
Because you bought quite a lot today.
今日けっこうたくさん買ったからね。

アン　**ウァ**ーリルバウッ　**フィ**リン
I'm worried about fitting
　　エヴイフィン　インマイ　**バ**イスィコー　バースケッ
everything in my bicycle basket.
自転車のかごに全部入るか心配だな。

　ナッジャスダッ　アン　**ルイ**ーリ　**ヌ**ーァヴス
Not just that. I'm really nervous
ウバウッ　ダ**ト**ゥロー
about the total.
それだけじゃなくて、会計もすごく不安だ。

 解説

この他にも「I have a bad feeling about this.（なんだか嫌な予感がする）」や「I'm freaking out!（めっちゃ焦ってる!）」も、強い不安や心配を伝えるときに使われます。また、「I can't stop thinking about it.（ずっと気になってる）」のように、心配が頭から離れないことを表す表現もよく使われます！

LESSON	DAY4　期待と心配
12	# 願う

ホゥッ😙フリ
Hopefully
（〜といいな）

当日の天気が良いことを軽く祈って

ホゥッ😙フリ　イロビ　**サ**ニ　トゥマーロゥ
Hopefully it'll be sunny tomorrow!
（明日は晴れてほしいなぁ。）

 発音はココに注意！

「it'll」は「it will」の短縮形ですが、「l」を「オ」と発音することが多いです。この場合も「イロビ」と言うと自然に聞こえます。

\ 聞いてみよう /

SCENE フードフェスティバルに行く。

アウィッシュ
I wish
（〜だったらなぁ）

生ビール一杯無料が当たることを祈って

アウィッシャクッ　ウィンダッ
I wish I could　win that

フイー　ビーァ　ティケッ
free　beer　ticket!

（無料ビールのチケット当たらないかなぁ。）

 発音はココに注意!

「free」は「フリー」と言われていますが、実際には「フイー」が近い音です。むしろ、「逃げる」という意味の「flee」のほうが舌を上あごにつけて発音するので、「フリー」という発音になります。

DAY4　期待と心配

アン　キーピン
I'm keeping
マイ **フィ**ンーグーァズ　クアース
my fingers crossed
（うまくいきますように）

料理コンテストに出場する友だちに

アン　**キ**ーピン　マイ **フィ**ンーグーァズ　クアース
I'm keeping my fingers crossed
フヨ　**カ**ーンテッス　トゥマーロ
for your contest tomorrow!
（明日のコンテスト、応援してるよ！）

 発音はココに注意！

「crossed」は本来なら「クアーストゥ」ですが、さらっと話すときには「トゥ」はほとんど聞こえません。

LESSON12　願う

アソゥ　ウィッシュ
I so　wish〜
（心から願っている）

故郷の味を再現した出店に感動して

アソゥ　ウィッシュ　マイマヴ
I so　wish　my mother
クッビーヒゥラ　　ティス　ディス
could be here to　taste　this.
（本当に母にもここでこの味を味わってほしい。）

 発音はココに注意！

「mother」の「th」ですが「ドゥ」のような破裂音ではなく、上の前歯と舌先の間で声を出しながら空気を通す音なので、「ヴ」の音のほうが実際の音に近いです。

DAY4　期待と心配

イッツマイ　　ビゲス　　ジュイーン
It's my biggest dream
（最高の夢です）

憧れの料理人にメッセージを書いている

イッツマイ　　ビゲス　　ジュイーン　トゥルァーン
It's my　biggest　dream　to learn

フオン　　シェファントーニオ　　ヒンセォフ
from　Chef Antonio　himself!

（アントニオシェフから直接教われるなんて、夢のまた夢！）

 発音はココに注意！

「biggest」の「t」は発音しなくても大丈夫なので、「ビゲス」でOK。「dream」の「dr」も「ジュ」と発音するので「ジュイーン」と言いましょう。

ニュアンスの違い わかるかな？

軽い

Hopefully
（〜といいな）
【軽い願い・期待】

I wish
（〜だったらなぁ）
【現実と違う願望】

I'm keeping my fingers crossed
（うまくいきますように）
【成功を祈る・願掛け】

I so wish
（心から〜てほしい）
【強い願望・感情的】

It's my biggest dream
（最高の夢です）
【人生の目標・大きな願い】

強い

ここがポイント♪

Hopefully：叶うかわからないけど、軽く期待を込めたいときに使う。

I wish：現実とは違うけど、そうなってほしいと願うときにピッタリ。

I'm keeping my fingers crossed：成功や良い結果を祈る気持ちを伝えるときに。

I so wish：心から強く願っているときに使う感情たっぷりの表現。

It's my biggest dream：ずっと思い続けている大きな夢を語るときに。

DAY4　期待と心配

Let's talk!
実際に使ってみよう!

（フードコンテストに出る友だちと話すナマケモノくん）

ホゥッ フリ　イロビ　　**サ**ニ　トゥマーロゥ
Hopefully it'll be sunny tomorrow!
（空を見上げながら）明日は晴れますように!

ア**ウィ**シャウ　　ベル　　プイペーーウッ
I wish I were better prepared
　フ　ダ　**カ**ーンテッス
for the　contest.
もっとしっかりコンテストの準備をしておけばよかった。

アン　**キ**ーピン　マイ **フィ**ングーァズ
I'm keeping my fingers
　クアース　　　フィユ
crossed for you!

LESSON12 願う

（カバさんに向かって）うまくいきますように！

アソウ　ウィッシャケン　　メイキットゥラ
I so　wish I can　make it to the
タッフルイー　マイマヴ　　　ターッミ
top three.　My mother　taught me
ディス　ルェスピ
this　recipe.

（レシピを見ながら）母から教わったレシピなんで、なんとか3位以内に入れたらいいなぁ。

ワイダ　ターッ　フルイー
Why the　top　three?

なぜトップ3なの？

イッツマイ　　ビゲス ジュイーン　トゥオウプナ
It's my　biggest　dream　to open a
ルェストゥラーン
restaurant!

レストランを開くのが人生最大の夢なんだ！

 解説

「Fingers crossed!（うまくいきますように！）」は、応援するときによく使われる表現。「I'm hoping for the best!（うまくいくことを願ってる！）」もポジティブな響きがあります。また、「It's my biggest dream to ～」は、「人生最大の夢は～すること！」と、強い願望を伝えるときにピッタリの表現です！

DAY 5

意見

LESSON 13
意見する

LESSON 14
提案する

LESSON 15
承認する

LESSON 13

DAY5 意見

意見する

ア フィンッ
I think
（〜と思う）

> ナマケモノくんが友だちに話しかけている
>
> ア **フィンッ** ディス **カ**ーフィー
> **I think** this coffee
>
> シャーピズ **コ**ウズィ
> shop is cozy.
> （このカフェ、居心地いいと思う。）

 発音はココに注意！

無声音thは、「サ」や「タ」のような一瞬で終わる破裂音ではなく、「フ」のように息を継続的に出す音です。そのため「シンッ」や「ティンッ」よりは「フィンッ」のほうがネイティブの発音に近くなります。

\聞いてみよう/

SCENE　友だちとカフェで話す。

インマイ　ウピニゥン
In my　opinion
（自分が思うに〜）

スマートフォンの機能を説明している

インマイ　ウピニゥン　ディサーピズ
In my　opinion,　this app is

フンタースティッ
fantastic.

（個人的にはこの新しいアプリはめちゃくちゃいいと思う。）

 発音はココに注意！

「opinion」の最初の「o」と「fantastic」の最初の「a」は「ウ」の音に近いあいまい母音なのでそれぞれ「ウピニゥン」と「フンタースティッ」と発音しましょう。

DAY5 意見

ベイスタネックス**ピ**ーウィウンス
Based on experience
（経験から言うと〜）

スマホ写真を見せながら、旅行の思い出を話している

ベイスタネックス**ピ**ーウィウンス
Based on experience,

ディ サーイフォーウニズ **ベ**ル
this iPhone is better.

（経験から言うと、このiPhoneのほうがいいよ。）

 発音はココに注意！

「based on experience」のカタカナ表記が長くて難しいですが、これは全部つながっているのです。「ベイスタ」「ネックスピー」「ウィウンス」とわけて練習しましょう。

LESSON 13　意見する

アスチュ**ア**ーングリ　ブリーヴ
I strongly believe
（〜だと強く信じている）

友だちが目標について書かれた手帳を見せながら、熱く語っている

アスチュ**ア**ーングリ　ブリーヴ
I strongly　　believe
ウィケナ**チ**ーヴ　ディス　**ゴ**ーゥ
we can achieve this　goal.
（この目標は達成できると強く信じているよ。）

 発音はココに注意！

「tr」は「チュ」と発音しますので、「strongly」は「ストローングリ」ではなく、「スチュアーングリ」と発音するとネイティブっぽいです。

DAY5　意見

> アマー〰ソルーッリ　クン**ヴィ**ンス
> # I'm absolutely convinced
> （〜だと確信している）

日本食の魅力を熱く語っている

アマー〰ソルーッリ　クン**ヴィ**ンス
I'm absolutely　convinced

ジャープニーズ　フーリズダ　**ヘ**ォフィエッス
Japanese　food is the　healthiest!
（日本食が一番健康的だと確信している！）

 発音はココに注意！

「healthiest」の「th」は「サ」や「タ」のような一瞬で終わる破裂音ではなく、「フ」のように息を継続的に出す音なので、「ヘォフィエッス」の方がネイティブの発音に近くなります。

ニュアンスの違い わかるかな？

弱

I think
（〜と思う）
【一般的・軽い意見】

In my opinion
（自分が思うに〜）
【個人的・フォーマル】

Based on experience
（経験から言うと〜）
【実体験に基づく意見】

I strongly believe
（〜だと強く信じている）
【強い信念・確信】

I'm absolutely convinced
（〜だと確信している）
【揺るぎない確信】

強

ここがポイント♪

I think：カジュアルに自分の意見を軽く伝えるときに使う表現。

In my opinion：フォーマルな場面で、自分の考えを丁寧に伝えたいときに。

Based on experience：自分の経験から意見を述べて、説得力を加えたいときに。

I strongly believe：強い信念や確信を持っていることを強調したいときに。

I'm absolutely convinced：迷いなく確信していることをはっきり伝えるときに使う。

DAY5　意見

Let's talk!
実際に使ってみよう!

（ナマケモノくん、ナマケモノちゃん、ゾウさんがカフェでお茶している）

　　ア**フィ**ンッ　デゥ　ニュー　マーチャ　**ラ**ーテイズ
I think their new matcha latte is
　　　プィリ**グ**ッ
　pretty good.
この新メニューの抹茶ラテ、おいしいと思う。

　　ル**イ**ーリ　　　アヴビン　　ワーニンタ　チュ**ア**イイッ
Really? I've been wanting to try it.
ほんと？　前から飲んでみたかったんだ。

　　イン**マ**イ ウピニゥン　　デゥ　　**カ**ーフィーザー　　ダベッス
In my opinion, their coffees are the best.
ぼくの意見では、ここのコーヒーが一番おいしいよ。

LESSON13 意見する

ベイスタネックス **ピ**ーウィゥンス キャー**フェ**ーズ
Based on experience, cafes

ダハヴ **ディ**フエン タイプサ **ラ**ーテーズ
that have different types of lattes

ア**パ**ーピュールー
are popular.

経験から言うと、いろんなラテがあるカフェって人気だね。

アン ルキン **フォ**ーウォーァッタ チュアイン
I'm looking forward to trying

デゥ **キャ**ゥァメーォ **ラ**ーテイ
their caramel latte.

ここのキャラメルエスプレッソ（ラテ）を試す楽しみだなあ。

アケン**ハ**ードゥリ **ウェ**イットゥ チュアイデゥ
I can hardly wait to try their

フエッシュ **モ**ウチ マフィンズ
fresh mochi muffins.

ぼくもできたての餅マフィンを食べるのが待ちきれない！

アスチュ**ア**ーングリ ブリーヴ ディス **キャ**ーフェイ
I strongly believe this café

ウィォビア**ヒ**ッ
will be a hit!

このカフェはきっと人気カフェになると思うな！

DAY5　意見

デフニッリ　　　　ビカザンマー　ソルーッリ
Definitely！Because I'm absolutely
クンヴィンス　ディスプレイス　ハズダベッス
convinced this place has the best
ペイスチュイーズィンタウン
pastries in town!

絶対そうだよ！　だって、ここのペイストリーが街で一番美味しいって確信してるもの！

解説

学校では「〜と思う」に対する英語はほとんどの場合、「I think」と教わりますが、場面や気分によって他にもたくさん表現があります。会話の中で紹介された表現以外にも「From what I've seen, 〜（今まで見た感じだと〜）」や「As far as I know, 〜（私が知る限りでは〜）」のように、自分の知識の範囲を示して意見を伝えることもあります。また、カジュアルな場面では「I guess 〜（〜かな）」と、やわらかく意見を言うこともあります！

> ネイティブのつぶやき

ネイティブっぽ！な表現②
Well

"Well(ウェオ)" は「上手に」「よく」だけではなく、会話の「ためらい」「話の切り出し」「反論の前置き」「考え中」「会話を終わらせる」など、多様な場面で使える超便利フレーズです！

ためらい

    A: Can you babysit this weekend?(今週末、子供を見てもらえる？)

    B: **Well...** I'm kind of busy.(**うーん**…ちょっと予定が…)

話の切り出し（よくないニュース）

    A: Where's my mug?(私のマグカップどこ？)

    B: **Well...** I accidentally broke it.(**あのね**…手が滑って割っちゃったの。)

反論の前置き

    A: This restaurant has the best sushi!(ここの寿司、最高！)

    B: **Well,** actually, I know a better place.(**そうだね**…もっといい店知ってるけど。)

考え中の応答

    A: What should we do for Mom's birthday?(お母さんの誕生日、どうする？)

    B: **Well**, let me think about that...(**そうだな**…考えさせて。)

会話を終わらせる合図

    A: **Well**, I should get going now.(**じゃ、**そろそろ行くよ。)

    B: Already?(もう？)

LESSON 14

DAY5 意見

提案する

ワンヌエイ　イズトゥ
One way is to～
（一つの方法としては～）

友だちに写真加工アプリの使い方を何気なく見せている

ワンヌエイ　イズトゥ
One way is to

ユーズ　ディス　**フィ**ォトゥ　アッ
use this filter app.

（このフィルターアプリを使うのも一つの方法だよ。）

 発音はココに注意！

「filter」の「l」は「オ」と発音して「フィォトゥ」と言うとよりネイティブの発音に近づきます。

\聞いてみよう/

SCENE SNSについて友だちにアドバイスする。

ワラ**ユ**ージュァリ　　ドゥー　イズ
What I usually do is～
（自分がよくやるのは～）

> 友だちにハッシュタグの付け方のコツを教えている
>
> ワラ**ユ**ージュァリ　　ドゥー　イズァーッ
> What I usually do is add
>
> **ハ**ーシュターッグズ ライッ **デ**ィス
> hashtags like this.
>
> （ぼくはいつもこんな風にハッシュタグを入れてるんだ。）

 発音はココに注意！

「What I」は「t」が母音に挟まれているので「ラ行」で発音し、「ワラ」になります。「like」は次の単語が子音から始まるので「k」はサッとけして「ッ」と置き換えます。

DAY5　意見

ヒゥズ　　ワチュケン　　ドゥー
Here's what you can do
（こんなことができるよ）

友だちにアプリの使い方を話す

ヒゥズ　　ワチュケン　　ドゥー
Here's what you can do

ウィディ**サーッ**
with this app.

（このアプリはこんな風に使えるよ。）

 発音はココに注意！

「t」と「y」の組み合わせは「チュ」と発音するので、「what you」は「ワチュ」と言いましょう。他にも「Don't you like it?」（好きじゃないの？）も「ドンチュ　ライキッ」になります。

LESSON14 提案する

ディ イ**フェ**ッティヴ ウェイ イズトゥ
The effective way is to ～
（効果的なのは～）

友だちにSNS投稿で大切なことを伝える

ディ イ**フェ**ッティヴ ウェイ イズトゥ
The effective way is to

ポウッス フ**ルィ**ー **タ**インズ デイリ
post three times daily.

（効果的なのは、1日3回投稿すること。）

 発音はココに注意！

「free」は「フイー」、「flee」は「フリー」、そして「three」は「スリー」よりも「フルィー」が近いです。

DAY5　意見

The only　way to … is〜
ディ**オ**ンリ　　ウェイル　　　　イズ
（唯一の方法は〜）

友だちにSNS投稿のヒケツを説明する

The only　way to
ディ**オ**ンリ　ウェイル

get likes is this.
ゲッ**ラ**イクスィズ ディス

（「いいね」をもらうにはこれしかない。）

 発音はココに注意！

ここの「to」はもちろん「トゥ」とはっきり「t」の音を発音してもよいのですが、ネイティブの会話の場合、「ル」と言う人が多い印象です。

ニュアンスの違いわかるかな?

One way is to〜
(一つの方法としては〜)
【提案・やわらかい】

弱

What I usually do is〜
(自分がよくやるのは〜)
【個人的・カジュアル】

Here's what you can do
(こんなことができるよ)
【具体的・実用的】

The effective way is to〜
(効果的なのは〜)
【効果重視・推奨】

The only way to…is〜
(唯一の方法は〜)
【断定的・強調】

強

ここがポイント♪

One way is to〜:いくつかある選択肢の中の1つを提案するときに。

What I usually do is〜:自分の経験や普段のやり方をカジュアルに共有するときに。

Here's what you can do:相手に具体的な方法や解決策を教えたいときに。

The effective way is to〜:効果的で効率のよい方法をすすめるときにピッタリ。

The only way to〜is〜:これ以外に方法がないと強調したいときに使う表現。

DAY5 意見

Let's talk!
実際に使ってみよう!

(SNSの投稿について盛り上がっているネコさん、ナマケモノちゃん、イヌさんの3人)

マイ **フォ**ゥロウズ **ネ**ヴゲッ メニ **ラ**イックス
My photos never get many likes...
私の写真、全然「いいね」がつかない…。

ワンヌエイ イズトゥ ユーズ ディス **フィ**ォトゥ アッ
One way is to use this filter app.
このフィルターアプリを使うのも一つの方法だよ。

ダ**カ**ルーズ ス**ティ**ォ ルカビッ**ダ**ォ
The colors still look a bit dull...
まだ色が少し暗い感じかな…。

LESSON14 提案する

ワラ**ユ**ージュァリ　ドゥー　イザジャッス
What I usually　do　is adjust
ダブ**ア**イッネス　**フ**ーァッス
the brightness　first.
ぼくはいつも最初に明るさを調整するんだ。

オゥケイ　エン　**ワ**ルバウッ　ゲリン　モァ
OK!　And what about getting more
ファーロウゥァズ
followers?
OK!　じゃあフォロワーを増やすにはどうしたらいいの?

ヒゥズ　ワチュケン　**ドゥ**ー
Here's　what you can　do.
チュ**ア**イユーズィン　**パ**ーピュル　ハーシュターグズ
Try　using　popular　hashtags.
こんなことができるよ。人気のハッシュタグを使ってみて。

ウェン　シュライ　**ポ**ゥッス
When　should I　post?
投稿するタイミングは?

ディ　イ**フェ**ッティヴ　ウェイ　イズトゥ　ポウッス
The　effective　way　is to　post
ビトゥイーン　**ス**ィックセン　**エ**イッ
between　6　and　8
ピーエンマン　**ウィ**ーッデイズ
PM on　weekdays.
効果的なのは、平日の夜6時から8時の間に投稿すること。

175

DAY5　意見

エンディ**オ**ンリ　ウェイルステイ　クン**スィ**ストゥン　イズ
And the only way to stay consistent is
トゥ　ス**ケ**ジュォ　ポウスツィナッ**ヴァ**ーンス
to schedule posts in advance.
そして安定して投稿する唯一の方法は、事前にスケジュールを組むことだよ。

ダッメイクセンス　　　アシュッ　　スターッ
That makes sense! I should start
プ**ラ**ーニン　マイ　**カ**ーンテン
planning my content.
なるほど！　コンテンツの計画を始めなきゃ。

解説

日本人は提案するときに「You should ～」をよく使いますが、ネイティブにとっては少し命令口調に聞こえることもあります。代わりに「Why don't you ～?(～してみたら?)」や「Have you thought about ～?(～を考えたことある?)」を使うと、多少は柔らかく伝わります。「If I were you, I'd ～(私だったら～するな)」も、押しつけがましくなくアドバイスをするのにピッタリですよ！

ネイティブのつぶやき

ネイティブっぽ!な表現③
I mean

"I mean"(アミーン) は「つまり」「だって」「いやマジで!」など、いろんなニュアンスで使える便利なフレーズ。会話をスムーズにするのに必須の表現ですよ。覚えておいて、損なし!

[説明・言い換え]

Why did you buy so much food? **I mean**, there's plenty in the fridge.

(なんでこんなに食材買ったの? 冷蔵庫にたくさん食べ物ある**じゃん**。)

[強調]

You have to try this new pizza place! **I mean**, their pizza is amazing!

(この新しいピザ屋行くべき! **いやマジで、**ピザめっちゃうまい!)

[言い訳]

Sorry I'm late. **I mean**, the traffic was terrible...

(遅くなってごめん。**だって、**道が激混みだったんだよ…。)

[フラストレーション表現]

No, that's not what I said! **I mean**, how many times do I have to explain this?

(違うよ!そんなこと言ってない! **もう、**何回説明させるの?)

[話題を切り出す]

Can we talk? **I mean...** there's something I need to tell you.

(ちょっと話せる? **実は…**話があるんだけど。)

LESSON	DAY5　意見
15	# 承認する

> アス**ポ**ーゥザクッ
> ## I suppose I could〜
> （まあ、やってみてもいいかも）

友人から朝ジョギングをすすめられた

アス**ポ**ーゥザクッ　チュアイ　**ジャ**ーギン
I suppose I could　try　jogging.

（（あまり気が進まないけど）ジョギング、やってみてもいいかな。）

 発音はココに注意！

「jogging」は日本語では「ジョギング」と言いますが、「ジャーギン」というとよりネイティブに聞こえます。同じく、「shopping」も「シャーピン」と言いましょう。

\聞いてみよう/

SCENE 「健康のために始めること」を話す。

ダッ　　**サ**ウンズライキ
That sounds like it
クッビ　　ナイス
could be nice
（悪くないかも）

友人からヨガ教室をすすめられた

ヨウガ　　**サ**ウンズライキ
Yoga sounds like it
クッビ　　ナイス
could be nice.
（ヨガね。そうだね、悪くないかも。）

 発音はココに注意！

「sounds like it could be」のカタカナが長くて難しいですが、英語はリズム感のある言語ですので、チャンクで読んだりしゃべったりすることがとても大事です。最初はこれをブロックに分けて練習しましょう。

DAY5　意見

> ダッ　スィーン🫢ズインチュエスティン
> **That seems interesting.**
> （それいいかも）

友人から料理教室をすすめられた

> ア　**ク**キン　クラース
> A cooking class
> スィーン🫢ズインチュエスティン
> seems interesting.
> （料理教室か、楽しいかも。）

 発音はココに注意！

「interesting」は普通に読むと「インタレスティング」のような発音になると思いますが、真ん中の「teres」の部分を「チュエス」と発音してください。

LESSON15 承認する

アン デフニッリ インチュエステッ
I'm definitely interested!
（めっちゃ興味ある！）

友人から陶芸教室をすすめられた

アン デフニッリ
I'm definitely

インチュエステリン チュアインナ ソーナ
interested in trying a sauna!

（サウナ、めっちゃ興味ある！）

 発音はココに注意！

「sauna」は日本語で「サウナ」と言いますが、英語では「アウ」という二重母音よりも「オ」にとても近い「ア」の発音なので、ここでは「ソ」と表現しました。

DAY5　意見

ダ**ツ**ァーッ😙ソルーッリ
That's absolutely
プーァフェッ　　フミ
perfect for me!
（それ、私にピッタリ！）

> 友人から週末も早起きすることをすすめられた
>
> ウェイキンアップ**ウ**ーァリ　アンヌ**イ**ーケンズ
> ## Waking up early on weekends?
> ダ**ツ**ァーッ😙ソルーッリ **プ**ーァフェッ　　フミ
> ## That's absolutely perfect for me!
> （週末の早起き？　それ、私にピッタリ！）

 発音はココに注意！

「early」と「perfect」の「er」という発音が似ています。それぞれ「ウーァリ」と「プーァフェッ」という発音になります。

ニュアンスの違い わかるかな?

弱

I suppose I could～
（まあ、やってみてもいいかも）
【控えめ・消極的承認】

That seems interesting.
（それいいかも）
【好意的・軽い興味】

That's absolutely perfect for me!
（それ、私にピッタリ!）
【完全承認・大賛成】

That sounds like it could be nice
（悪くないかも）
【穏やか・前向き】

I'm definitely interested!
（めっちゃ興味ある!）
【強い関心・積極的】

強

ここがポイント♪

I suppose I could～：少し迷いながらも受け入れるときに使う控えめな表現。

That sounds like it could be nice：提案に対して穏やかに前向きな気持ちを伝えたいときに。

That seems interesting.：軽い興味や好意的な反応を示すときにピッタリ。

I'm definitely interested!：強い関心や興味を積極的に伝えるときに使う。

That's absolutely perfect for me!：提案が完璧に自分に合っていることを強調したいときに。

DAY5　意見

Let's talk!
実際に使ってみよう!

（カバくんにおすすめのダイエット法を伝えるナマケモノくん。）

デュワナ　　　　ジョインダ　**ジャ**ーギン　クラッ
Do you want to join the jogging club?
ジョギングクラブ、一緒にどう？

アロン　ライッ　**ル**ァニン　　バラ**ニ**ーッタ
I don't like running but I need to
ルーズ　**ウェ**イッ　　ソアス**ポ**ーゥザクッ
lose weight, so I suppose I could
ギヴィラ　チュ**ア**イ
give it a try...
走るのは嫌いだけど、痩せないといけないし、まあ、気が進まないけど考えてみようかな…。

LESSON15 承認する

イフュ**ワ**ナ　　ルーズ**ウェ**イッ
If you want to lose weight,

ダコ**ミュ**ーニリ　　プーラーフーズ
the community pool offers

ス**イ**ミンクラースズ
swimming classes.

痩せたいなら、コミュニティプールで水泳教室をやってるよ。

ダッ　　**サ**ウンズライキクッビ　　　ナイス
That sounds like it could be nice.

水泳か…それなら嫌じゃないかも。

デ**ア**ーフ　　ペァウェン　　チャーイォ
They offer parent - child

ス**イ**ミン　　クラースズ **トゥ**ー
swimming classes too.

親子水泳教室もやってるし。

ダッ スィーン **ズ**インチュエスティン
That   seems interesting.

マキッズ　　**ラ**ヴ　ウァール
My kids love water.

へぇ、それいいね。子どもたち、水遊び大好きだし。

エン　　　デハ**ヴァ**ークワ　　フィッネスィンディ
And they have aqua fitness in the

イーヴニングズ
evenings!

夜にはアクアフィットネスもあるよ！

185

DAY5　意見

アークワ　フィッネス　アン　デフニッリ
Aqua fitness? I'm definitely
インチュエステリン　ダッ
interested in that!
アクアフィットネス？　それはめっちゃ興味ある！

ダ　モァニン　　クラースズ　スターラッ　スィックス
The morning classes start at 6.
朝のクラスは6時からだよ。

ダ　ツァーッ　ソルーッリ　プーァフェッ　フミ
That is absolutely perfect for me!
アケンゴウ　ビフォー　ウォーァッ
I can go before work!
それ最高！　仕事前にできるなんて、まさに理想的！

ワナ　　チェッダ　プーォ　トゥマーロゥ
Want to check the pool tomorrow?
明日プール見に行ってみない？

シュァ
Sure!
もちろん！

LESSON15 承認する

 解説

カジュアルな場面では、「Sounds good!(いいね!)」や「I'm totally on board!(賛成!)」や「Count me in!(私もやる!)」がよく使われます。
ほかにも「I'm in!(私もやる!)」も同じ意味でカジュアルに使えますし、「Sign me up!(参加させて!)」は、イベントやクラスに参加したいときによく使われます。また、「I'm down!」はスラングっぽいですが、「やるよ!」というフレンドリーな表現です!

DAY 6

喜び・驚き・不満・悲しみ

LESSON 16
喜ぶ

LESSON 17
驚く

LESSON 18
不満を言う

LESSON 19
悲しむ

LESSON 16 喜ぶ

DAY6 喜び・驚き・不満・悲しみ

グッ
Good
（よし）

「推し」友だちもコンサート日程が合った

グッ　マフ**エ**ンズ　カミン　トゥー
Good, my friend's coming too.
（よし、友だちも一緒に行ける。）

 発音はココに注意！

「good」のあとに一瞬間を置きましょう。「my」は「マ」でも「マイ」でも大丈夫です。

\ 聞いてみよう /

SCENE 「推し」のコンサートに行く。

アン◯ グ**ラ**ーッ
I'm glad
（よかった）

> コンサート行きの電車で座れた
>
> アン◯ グ**ラ**ーラ ガーラ **スィ**ーッ
> **I'm glad** I got a seat.
> （席が空いていてよかったぁ。）

 発音はココに注意！

「glad I」と「got a」、両方とも「ラ行」でつなげて発音します。
「seat」は「t」をサッと消して「ッ」と置き換えます。

DAY6　喜び・驚き・不満・悲しみ

アン　ソゥ　ハーピ
I'm so happy
（うれしい）

推しとの距離が近くてうれしい！

アン　ソゥ　ハーピ　ウィゥ
I'm so happy we're
ディス　クロゥス
this close!
（こんなに近くで見られるなんて、うれしい！）

 発音はココに注意！

「happy」は日本人は「ハッピー」がなじみ深い言い方ですが、実際は「ハーピ」のほうがネイティブの発音に近いです。

LESSON16 喜ぶ

アン㋵　フリゥッ
I'm thrilled
（超うれしい）

会場でほしかったグッズが買えた

アン㋵　　フリゥダガラーォ　　ダ
I'm thrilled I got all the

ムーァチャ　ワーネッ
merch I wanted!

（ほしかったグッズが全部買えて、超うれしい！）

 発音はココに注意！

「wanted」は、「nt」のあとに母音がくるので、「t」を消し「ナ行」で発音するので「ワネッ」になります。

DAY6　喜び・驚き・不満・悲しみ

アケーン　ブリーヴ
I can't believe
（夢みたい！）

「推し」と握手できた!!

アケーン　ブリーヴァガットゥ　シェイッ
I can't believe I got to shake

ハーンズ　ウィヴィン
hands with him!!

（推しと握手できるなんて、夢みたい！！）

 発音はココに注意！

「can't」の「t」は発音しなくても、「ケ」を強く発音すれば、「can」と間違えられることはないです。

ニュアンスの違い わかるかな?

弱

Good
（よし）
【軽い喜び・満足】

I'm glad
（〜よかった）
【安堵・穏やかな喜び】

I'm so happy
（うれしい）
【はっきりした喜び】

I'm thrilled
（超うれしい）
【強い喜び・興奮】

I can't believe
（夢みたい!）
【信じられないほどの喜び】

強

ここがポイント♪

Good：小さな成功やうまくいって、軽く喜びを表すときに使う。

I'm glad：何かがうまくいって安心したときに感じる穏やかな喜び。

I'm so happy：うれしいニュースや出来事に対して気持ちをはっきり伝える表現。

I'm thrilled：予想以上の結果や特別な出来事に興奮しているときにピッタリ。

I can't believe：信じられないほどの大きな喜びや驚きを表現するときに使う。

DAY6 喜び・驚き・不満・悲しみ

Let's talk!
実際に使ってみよう!

(「推し」について語らうコアラさんとナマケモノくん。)

グーラガッ **ティ**ケッツフ ネックス
Good. I got tickets for next
マンフス **カ**ーンスーァッ
month's concert.
よし。来月のコンサートのチケット、取れた。

アファッ デウァ ソーゥ**ダ**ゥッ
I thought they were sold out.
売り切れだと思っていたよ。

ミ**トゥ**ー ソアン
Me too, so I'm
グ**ラ**ーラワゼイボー トゥゲッデン
glad I was able to get them.
ぼくも。だから取れてよかったよ。

LESSON16 喜ぶ

アダ　スィーツ　**グ**ッ
Are the seats good?
座席はいい?

アッチュァリ　ウィガッ　フ**ア**ンロウ　**スィ**ーッツ
Actually, we got front row seats!
アン**ソ**ゥ　ハーピ
I'm so happy!
最前列だよ！　すごくうれしい！

デドゥ　**ハ**ーンシェイクス　ウィヴ
They do handshakes with
フ**ア**ンロウ　**ファ**ーンズ　アン　フ**リ**ゥッ
front row fans! I'm thrilled!
最前列のファンと握手してくれるんだって！　超うれしい！

ルィーリ
Really?
本当?

ア**ケ**ーン　ブリーヴ　ディスィズ　**ハ**ープニン
I can't believe this is happening!
夢みたい！　信じられない！

 解説

「I'm over the moon!（めちゃくちゃ幸せ!）」や「This made my day!（今日一番うれしいこと!）」もよく使われる表現。また、「I'm on cloud nine!（幸せの絶頂!）」のように少しユニークな言い方もあります！

LESSON	DAY6　喜び・驚き・不満・悲しみ
17	**驚く**

オゥ
Oh
（おっ）

コンビニでちょうど「777円」だった！

オゥ　マイ　**ト**ゥロー　ケイン　トゥ　エッグ**ザ**ーッリ
Oh, my total came to exactly
セヴンハンジュエレン **セ**ヴニセヴン イ**エ**ン
¥777！

（おっ、会計がちょうど777円だった！）

 発音はココに注意！

「total」は「トータル」ではなく、「トゥロー」が実際の発音に近いです。また、「exactly」も「ctl」の「t」は消えて「cl」と発音することが多いです。

\聞いてみよう/

SCENE さまざまな驚きの場面。

ウァゥ
Wow
（わぁ！）

「推し」のコラボおかしを発見！

ウァゥ　デハッ　ドウズ　**リ**ミリレディシュン
Wow, they had those limited-edition

ジュ**イ**ン　ルキンフォ
drink I was looking for!

（わあ、探してた限定ドリンクがあったよ！）

 発音はココに注意！

「limited-edition」は「リレディ」という発音が慣れるまで難しいかもしれませんが、あきらめず練習しましょう！ これはネイティブでもうっかりすると噛んでしまうレベルです！

DAY6　喜び・驚き・不満・悲しみ

ノゥ　ウェーイ
No way!
（うそでしょ！）

久しぶりに会った旧友も同じ推しのファンだった！

ノゥ　ウェーイ　ユァイントゥ　ダセインム
No way! You're into the same
アーゥリッス
artist!?
（うそ、あなたも同じ推しのファンだったの！？）

 発音はココに注意！

「artist」は「アーティスト」ではなく、「アーゥリッス」のほうが実際の発音に近いです。真ん中の「t」は「ラ行」の「リ」と発音しましょう。

LESSON17 驚く

ダッツ ウァーイォッ
That's wild!
（すごすぎる！）

忙しい時期なのに仕事の休みがとれた！

ダッツ ウァーイォッ アガッ タイマーフ
That's wild! I got time off
ジュイン ピーッ スィーズン
during peak season!

（すごすぎる！ こんな忙しい時期に休みがとれるなんて！）

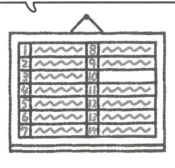

 発音はココに注意！

「wild」の「l」は「オ」の音に近く、「d」も消えるので「ワイルド」ではなく「ウァーイォッ」と言ってみましょう。

DAY6　喜び・驚き・不満・悲しみ

アンブ**リ**ーヴァボー
UNBELIEVABLE!!!
（信じられない！）

休みがとれた日に「推し」のプラチナチケットが当たった！

アンブ**リ**ーヴァボー　　アウォァン　プ**ラ**ーッヌン👄
UNBELIEVABLE!!! I won   platinum

ティケッツ フォデゥ　**ショ**ウ オンマイ デイ**オァ**ーフ
tickets for their show ON MY DAY OFF!

（マジでありえない！　休みの日にプラチナチケットが当たった！）

 発音はココに注意！

「プラチナ」は英語で「platinum」と書きますが、「ti」は「ッ」と置き換え、「プラーッヌン👄」という発音になります。「UNBELIEVABLE!」とすべて大文字にすることで、さらに大きな驚きを表現しています。

ニュアンスの違い わかるかな？

弱

Oh
（おっ）
【軽い驚き・気づき】

Wow
（わぁ！）
【感嘆・ポジティブな驚き】

No way!
（うそでしょ！）
【驚き・信じがたい】

That's wild!
（すごすぎる！）
【予想外・衝撃】

UNBELIEVABLE!!!
（信じられない！）
【最大級の驚き・衝撃】

強

ここがポイント♪

Oh：ちょっとした驚きや気づきがあったときに軽く反応する表現。
Wow：感動や予想外の出来事に対してポジティブな驚きを伝えるときに。
No way!：信じられないことが起きたときに強い驚きを示す表現。
That's wild!：予想外すぎる出来事に対して衝撃を伝えたいときに。
UNBELIEVABLE!!!：最大級の驚きを表現する強烈なリアクション。

DAY6 喜び・驚き・不満・悲しみ

Let's talk!
実際に使ってみよう！

（「推し」について語らうビーバーさんとナマケモノちゃん。）

オゥ アジャッス ガラ**ニ**ーメォ フォン
Oh, I just got an email from
ダ**ファ**ーン クラッ
the fan club.

おっ、ファンクラブからメールが来た。

ワ ダズィッ **セ**ィ
What does it say?

何て？

LESSON17 驚く

ウァゥ　デゥズガナビア　スペショー
Wow, there's going to be a special
ライヴィヴェンッ
live event!

わあ、スペシャルライブがあるって！

ウェン　アニーッタ　ルィクエッス　タインマーフ
When? I need to request time off!

いつ？　休み申請しないと！

ノゥ　ウェーイダティケッツ　ゴアン　セイォ
No way! The tickets go on sale
トゥマーロゥ
tomorrow!

うそ！　チケット販売が明日からだって！

ウィニーッタ　ジョインダ　ラールイ　ルァイウエイ
We need to join the lottery right away!

すぐに抽選申し込まないと！

デゥオゥソ　ルィリースィン ニュー
They're also releasing new
ムーァチュンダイス　ダッツ　ウァーイォッ
merchandise! That's wild!

新しいグッズも発売するんだって！　めっちゃすごい！

ルイーリ　レミチェッダ　ウェッ◯サイッ
Really? Let me check the website...

ほんと？　サイト見てみる…。

205

DAY6 喜び・驚き・不満・悲しみ

デゥズィーヴナ　　ミーレングイーッ
There's even a meet-and-greet
セシュンニンクルーレッ
session included!

信じられない！　交流会特典まで付いてるよ！

ウィシュゲッ　　マーチナウッフィッツ
We should get matching outfits
フディ　イヴェン
for the event!

ライブに向けておそろいの服を買うべきだと思う！

ダツァ　グエイライディア
That's a great idea!

いいね！

 解説

会話の中では標準的な驚きの表現を紹介していますが、実は、ネイティブは驚いたときに軽いスラングやちょっとした汚い言葉を使うこともよくあります。「Holy crap!（なんてこった！）」や「What the hell!?（えっ、マジで!?）」はカジュアルな驚きの表現。「Oh my f*ing god!」のように、強い驚きを込めてFワード（放送禁止用語）を入れることもありますが、これは親しい間柄やカジュアルな場面でのみ使われます。フォーマルな場では「Oh my goodness!」や「No way!」のほうが無難です！

ネイティブのつぶやき

出身地は発音だけで
バレちゃいます

▶ **英語は場所によって変わる！**

英語って、国によって発音がぜんぜん違います。イギリス、オーストラリア、ニュージーランドの英語はそれぞれ特徴的で、お互いに「えっ、今なんて？」となることも。

たとえば「water(ウォーター)」。アメリカ英語なら「ワールー」、イギリス英語は「ウォーター(Tが消えて、ウォッァになることも)」、オーストラリア英語では「ウォーラー」に近い感じ。
さらに、ニュージーランド英語にもユニークな発音があります。特に有名なのが「six(スィックス)」の発音。ニュージーランドでは「スィックス」ではなく「セックス」に近く聞こえることがあり、数字を言っているだけなのに目が点になることも…！
「Do you want six(6個ほしい?)」が「Do you want sex?」に聞こえたら、一瞬ドキッとしちゃいますよね（笑）。

オーストラリア英語はさらに独特で、「day(デイ)」が「die (ダイ)」、「mate (メイト)」が「might (マイト)」に聞こえたりします。
でも、どの発音もその国の文化が反映された大事な英語。旅行先で「この人、どこの英語を話してるんだろう？」と耳をすませてみると、ちょっとした探偵気分が味わえるかもしれませんよ！

LESSON **18** DAY6 喜び・驚き・不満・悲しみ

不満を言う

> ンナッ トゥー **シュ**ァ ウバウッ
> **I'm not too sure about〜**
> （ちょっと微妙かも）

レストランから不満そうにお店を出ていくお客さんを見た

ンナッ トゥー **シュ**ァ ウバウッ
I'm not too sure about

ディス プレイス
this place.
（このお店、なんかちょっと違うかも。）

 発音はココに注意！

「I'm not」ははっきりと「アン👄 ナッ」と言う人ももちろんいますが、会話では「not」を強く言うので「アン👄」がほとんど聞こえない、または完全に言っていない場合が多いです。

\聞いてみよう/

SCENE 残念なホテルに泊まった。

ディ**ス**イズン　ワラエックス**ペ**ッティッ
This isn't what I expected
（想像してたのと違う）

予約した部屋のベッドがダブルではなくシングルだった

ディーズ　ベッズァ　ナッ
These beds are not

ワッウィ　エックス**ペ**ッティッ
what we expected.

（ベッド、こんなのじゃなかったはずなんだけど。）

 発音はココに注意！

「beds are」はつなげて読むので「ベッズァ」になり、「expected」の「c」と最後の「d」は消え、「エックスペッティッ」と発音します。

DAY6 喜び・驚き・不満・悲しみ

ディスィザ**ノ**ーイン
This is annoying
（イライラする）

隣の部屋が騒がしい

ディス **ノ**イズィザ**ノ**ーイン
This noise is annoying.
（この騒音、うるさくてイライラする。）

 発音はココに注意！

「this」以外はつなげて発音します。

LESSON18　不満を言う

ディスィズ **ト**ゥルリ　アネック**セ**ッ⌒タボー
This is totally unacceptable!
（こんなの、とんでもない！）

部屋のエアコンが壊れている

ディス　　ブ**オ**ーゥクン　エイ**スィ**ー　イズ
This　　broken　　　AC　　is

トゥルリ　アネック**セ**ッ⌒タボー
totally　unacceptable!

（エアコンが使えないなんてありえない！）

 発音はココに注意！

「エアコン」のことを英語で「air conditioner」と言いますが、「AC」でも大丈夫です。そのほうが発音もラクですよね！「totally」の「a」は「ウ」の音に近いあいまい母音なので「トゥルリ」と発音します。

DAY6　喜び・驚き・不満・悲しみ

> ユ**マ**ッスビ　**ジョ**ウキン
> # You must be joking!
> （まさか本気じゃないよね！？）

「別の部屋に代えてほしい」と依頼したら断られた

ユ**マ**ッスビ　**ジョ**ウキン
You must be joking !

ノウ**ルー**ン😊ズ**ヴェ**イルボー
No rooms available !?

（はぁ～？　満室だなんて冗談でしょ！？）

 発音はココに注意！

「must」は「マスト」と言いそうですが、自然な発音は「マッス」に近いです。「available」の1つ目と3つ目の「a」は「ウ」の音に近いあいまい母音なので「ウヴェイルボー」と発音しましょう。

ニュアンスの違い わかるかな？

弱

I'm not too sure about〜
（ちょっと微妙かも）
【控えめな不満・疑念】

This isn't what I expected
（想像してたのと違う）
【失望・期待外れ】

This is annoying
（イライラする）
【軽い苛立ち・不快感】

This is totally unacceptable!
（こんなの、とんでもない！）
【強い拒否・怒り】

You must be joking!
（まさか本気じゃないよね！？）
【驚き・不満の混合】

強

ここがポイント♪

I'm not too sure about〜：ちょっと納得できないときに、やんわり伝える表現。

This isn't what I expected：期待外れの結果に軽く失望を示すときに。

This is annoying：小さなことにイライラしたとき使うカジュアルな表現。

This is totally unacceptable!：許せない状況に対して強く拒否したいときに。

You must be joking!：信じがたいことに驚きと不満を込めて返すときに。

DAY6 　喜び・驚き・不満・悲しみ

Let's talk!
実際に使ってみよう!

（ホテルの部屋で不満をもらす、ナマケモノくんとナマケモノちゃん）

ンナッ　ソ**シュ**ア　ウバウッ　ディス　ホゥテォ
I'm not so sure about this hotel.
このホテル、なんか微妙かも？

ディス**イ**ズン　ワラエックス**ペ**ッティッ　フオンマ
This isn't what I expected from a
ラッグジュイ　ホゥ**テ**ゥ
luxury hotel.
高級ホテルなのに、想像していたのと全然違うわ。

LESSON18 不満を言う

ディスザ**ノ**ーイン　アケンヒーゥ　**エ**ヴイ
This is annoying.　I can hear　every

ウォーァッ　フルーディーズ　ウァーォズ
word　through these　walls.

隣の部屋で話してるの全部聞こえるのムカつくんだけど。

ウィォ　**ネ**ヴ　ゲレニ　ス**リ**ーッ
We'll　never　get any　sleep.

まったく眠れそうにないね。

エン　ディス　ブ**オ**ーゥクン　エイスィー　イズ　**ト**ゥルリ
And　this　broken　AC　is　totally

アネック**セ**ッタボー
unacceptable!

しかもエアコンが壊れてるなんてありえない！

レッ**ツ**ァース　フアナヴ　**ルー**ン
Let's ask　for another　room.

別の部屋に代えてもらいましょう。

ダフロン**デ**ッス　ウォーンニーヴン　**ヘ**ォパス
The front desk　won't even　help us!

フロントはまったく対応してくれないよ！

ユ**マ**ッスビ　**ジョ**ウキン　ダッツ　**テ**ゥイボー
You must be　joking!　That's　terrible!

はぁ～？　冗談でしょ！　ひどすぎるわ！

215

DAY6　喜び・驚き・不満・悲しみ

I can't believe we paid 500 dollars for this.
これに500ドル払ったなんて信じられない。

The only way to get some sleep is with earplugs.
眠るための唯一の方法は、耳栓だね。

This is worse than a budget hotel.
格安ホテルよりひどいじゃん。

That's it. I'm never staying here again.
決めた。二度とここには泊まらない。

解説

「I'm not so sure about 〜」は直訳すると、「〜について確かではない」という意味ですが、やんわり「微妙かも?」と伝える表現でもあります。
また、不満を強く伝えるとき、「What the hell!?(なんだよこれ!?)」や「This is ridiculous!(バカげてる!)」といったスラングもよく使います。「I'm SO done with this.(もうムリ!)」のように、怒りや諦めを表すフレーズもあります。カジュアルな場面なら「This sucks.(最悪)」もよく聞きますが、フォーマルな場では「This is unacceptable.」などのほうが適切です!

ネイティブのつぶやき

どっちが正解!?
人によって違う英語の発音

▶ 発音に「絶対の正解」はありません!

英語を勉強していると、「この単語、人によって発音違わない?」と思うこと、ありませんか? 実は、同じ単語でも国や地域、さらには個人個人で発音が変わる、なんてことがよくあります。

たとえば "often"(しばしば)。"アフトゥン" と "アフン"、どっちが正しいの? 実はどちらもOK。昔は "t" を発音するのが一般的でしたが、今は "アフン" と言う人が多め。でも、"アフトゥン" でもまったく問題なし!
もうひとつ有名なのが "schedule"(スケジュール)。アメリカでは "スケジュォ"、イギリスでは "シェジュォ" と発音します。

そして、発音の違いといえば、ある有名なジャズの曲の歌詞の中でこんなやりとりが出てきます:「You say tomato, I say tomahto」(あなたは「トゥメイロ」、私は「トゥマーロ」)「You say potato, I say potahto」(あなたは「プテイロ」、私は「プターロ」)
発音が違いすぎてケンカになり、最後には「もう全部やめにしよう!」というオチ(笑)。
こんなふうに、発音には「絶対の正解」はなく、地域やクセによってまったく違うのです。

| LESSON 19 | DAY6　喜び・驚き・不満・悲しみ |

悲しむ

ウップス
Oops
（あっ）

ホテルで少し寝坊してしまった

ウップス　アオゥヴス**レ**ップ
Oops, I overslept...

デゥ**ゴ**ウザゥ　　ウーァリ　ス**タ**ーッ
There goes our early start.

（あっ、寝坊しちゃった…早起きの計画が台無しだ。）

 発音はココに注意！

「There goes our」はつなげて発音します。ちなみに「There goes〜」は「〜が台無しになっちゃった」というニュアンスを表す表現です。

\聞いてみよう/

SCENE 観光名所を回る。

オゥノゥ
Oh no
（あーぁ）

バスがもう出てしまった

オゥノゥ　ウィ　ミッスタゥ　バス
Oh no, we missed our bus.

ナウ　　ウィハフタ　　ウェイラナヴ　　アーゥァー
Now we have to wait another hour.

（あーぁ、バスが行っちゃった。次のバスまで1時間も待たなきゃ。）

 発音はココに注意！

「we have to」ですが「have」の「v」を「f」として発音することが多いです。また「to」を軽い「タ」といい、「ウィハフタ」とよく言います。

DAY6 喜び・驚き・不満・悲しみ

> ウェォ **ダ**ワズ カイナ
> Well, that was kind of
> ディサ**ポ**インティン
> disappointing
> （うーん、ちょっと期待はずれだったなぁ）

人気デザートがイマイチだった

ウェォ **ダ**ワズ カイナ ディサ**ポ**インティン
Well, that was kind of disappointing...
エヴイワン セリッワズ ダベッス
Everyone said this was the best
ディズーァッ イン**タ**ウン
dessert in town.

（うーん、ちょっと期待はずれだったなぁ。みんなここのデザートが一番って言ってたのに。）

 発音はココに注意！

会話では「of」を「オヴ」ではなく「ア」と発音することが多く、「kind of」を「kinda」で「カイナ」とよく言います。

220

LESSON19 悲しむ

What a bummer
ワラ**バ**ムー
（がっかりだなぁ）

美術館が混雑していて見たかった絵が全然見られなかった

What a bummer... The museum's
ワラ**バ**ムー　　　ダミュー**ズイ**ーウンズ

too packed to get a good view
トゥーパック　トゥゲラ　**グッ**　ヴュー

of any of the famous paintings.
アヴェニアダ　　フェイムス　**ペ**インティングズ

（がっかりだなぁ。館内が混みすぎて有名な絵が全然見えない。）

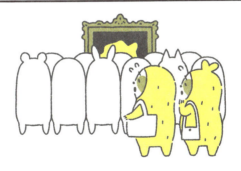

 発音はココに注意！

「too packed to」の「packed」を普通に発音すると「パックトゥ」になるのですが、その後に「to」があるのでつなげて「トゥーパックトゥ」になります。

DAY6 　喜び・驚き・不満・悲しみ

アマー◠ソルーッリ　　デヴステイレッ
I'm absolutely devastated
（もう立ち直れないくらいショック）

> どしゃぶりで、服もスマホもびしょびしょになってしまった
>
> アマー◠ソルーッリ　デヴステイレッ
> **I'm absolutely devastated！**
>
> マイフォーウンズ　ルーインドゥ
> **My phone's ruined.**
>
> （もう最悪！　スマホ壊れちゃった。）

 発音はココに注意！

「devastated」の最初の「a」は「ウ」の音に近いあいまい母音なので「デヴステイレッ」と発音しましょう。

ニュアンスの違い わかるかな?

弱

Oops
(あっ)
【軽い失敗・小さな悲しみ】

Oh no
(あーぁ)
【軽い後悔・がっかり】

Well, that was kind of disappointing
(うーん、ちょっと期待はずれだったなぁ)
【控えめな失望】

What a bummer
(がっかりだなぁ)
【カジュアルな落胆】

I'm absolutely devastated
(もう立ち直れないくらいショック)
【深い悲しみ・絶望】

強

ここがポイント♪

Oops:小さなミスやハプニングに気軽に反応するときに使う表現。

Oh no:予想外の悪い出来事に対して軽く残念な気持ちを表すときに。

Well, that was kind of disappointing:期待していた結果が得られなかったときにやんわり失望を伝える。

What a bummer:計画がうまくいかなかったときに、カジュアルにがっかりを表現。

I'm absolutely devastated:大きなショックや深い悲しみを強く伝えたいときに。

DAY6 喜び・驚き・不満・悲しみ

Let's talk!
実際に使ってみよう!

(美術館の名画の前が大混雑で全然見えない。)

ウップス　アプ**エ**ッスダ　ルァーン　**バ**ッン
Oops, I pressed the wrong button
アンディ　**ア**ーリオガイッ
on the audio guide.
ナウア**ケ**ーン　ゲリットゥ　**ウォ**ーァッ
Now I can't get it to work.

(音声ガイドを操作しながら)おっと、音声ガイドの違うボタン押しちゃったせいで、動かなくなっちゃった。

LESSON19 悲しむ

チュアイ ダルイーセッ バッン オゥ アトゥーァ
Try the reset button. Oh, a tour
グルーピズ カミン ディス ウェイ
group is coming this way.

リセットボタン押してみな。あ、ツアー団体がこっちに来てる。

ウェォ ダッツ カイナ ディサポインティン
Well, that's kind of disappointing.
ウィケン ノウンリ スィーダ タッパラ
We can only see the top of the
ペインティン フオン ヒゥ
painting from here.

（人混みに押されながら）うーん、ちょっと残念だなぁ。ここからだと絵の上のほうしか見えないや。

デュール テッニコーリシューズ ダスペショー
Due to technical issues, the special
ライリン フディス マーストゥピースィズ
lighting for this masterpiece is
テンポウェゥリ アヌヴェイルボー
temporarily unavailable.

（館内放送）技術的な問題により、この名作の特別照明は一時的に使用できません。

DAY 6 喜び・驚き・不満・悲しみ

ワラ**バ**ムー　　　　ナウ　ウィ**ケー**ンスィー
What a bummer... Now we can't see

ディアーリッスツ　フェイムス　ユーサ**カ**ルー
the artist's famous use of color.

えー、残念。画家の有名な色使いが全然わからないよ。

デュール　ア**ス**イストゥン　マォファンクシュン
Due to a system   malfunction,

アーォ　ヴィズィルーズ　マッスィ**ヴァー**キュエイッダ
all   visitors   must evacuate the

ギャールイ　イン**ミー**リァッリ
gallery immediately

（突然、スプリンクラーが作動して）システムの不具合により、すべての来館者は
ただちにギャラリーから退出してください。

ア**マー**ソルーッリ　**デ**ヴステイレッ
I'm absolutely devastated!

ウィ**ウェ**イレッ　フ**ルイ**ー　アーゥァーズ　トゥスィー
We waited three   hours   to see

ディス　**ペ**イニン
this painting!

もう最悪！　この絵を見るために3時間も待ったのに！

LESSON19　悲しむ

 解説

がっかりしたときや悲しいときの表現は他にも「This sucks!（最悪だ!）」や「I'm heartbroken.（心が折れそう）」もよく使われる表現です。また、「I can't believe this is happening.（こんなの信じられない…）」のように、ショックと悲しみを同時に表すフレーズもあります。この「I can't believe this is happening.」は「夢みたい!」という意味でうれしいときにも使えます。

DAY 7

慰め・怖い・恥ずかしい

LESSON 20
慰める

LESSON 21
怖い

LESSON 22
恥ずかしい

LESSON 20 慰める

DAY7 慰め・怖い・恥ずかしい

ダッツ　トゥー　**バーッ**
That's too bad
（それは残念だったね）

友だちのスマホが落ちて画面が割れた

ダッツ　トゥー　**バールバウッチョ**　**フォ**ーウン
That's too bad about your phone.
（スマホ（割れちゃって）残念だったね。）

 発音はココに注意！

「bad about your」に対して「バールバウッチョ」のように「ッ」を入れましたが入れなくても大丈夫です。ただ、「about」をカタカナにすると「ウバウッ」になるので、あったほうが自然であることは確かです。

\ 聞いてみよう /

SCENE 落ち込む相手を慰める。

アノ ハユ　　　　フィーォ
I know how you feel
（気持ちはよくわかるよ）

傘が折れてしょんぼりしていたら慰めてくれた

アノ ハユ　　　　フィーォ
I know how you feel,
イッ**ハ**プン　　　トゥミ　　トゥー
it happened to me too.
（気持ちわかるよ、ぼくも同じことがあったから。）

 発音はココに注意！

「happened」は本来「ハプンドゥ」ですが、その後に「to」という「ドゥ」に近い音がくるので、「ドゥ」は消してしまってもネイティブは「happen」の過去形だときちんと理解してくれます。

231

DAY7　慰め・怖い・恥ずかしい

アン😐　　**ヒゅ**　　フユ
I'm　here　for you
（私がついているよ）

落ち込んでいる友だちを励ます

アン😐　　**ヒゅ**　　フユ
I'm　here　for you
ウェネヴ　　　ュ**ニ**ーッ　　ミ
whenever you need me.
（ぼくがついているからね、いつでも相談して。）

 発音はココに注意!

「need」は「ニード」ではなく「d」は直後に子音がきているので、サッと消して「ッ」と置き換えて、「ニーッ」と言いましょう。

LESSON20　慰める

ユァ　**ナ**ル**ロ**ーウンニン　ディス
You're not alone in this
（一人で抱え込まなくてもいいからね）

火事で家が燃えてしまった友だちを慰める

ユァ　**ナ**ル**ロ**ーウンニン　ディス
You're not alone in this,

ウィォ　　フィギュイ**ラ**ゥッ　　トゥ**ゲ**ヴー
We'll figure it out together.
（君は一人じゃないよ、一緒に考えていこう。）

 発音はココに注意！

「alone」の「a」は「ウ」の音に近いあいまい母音なので、「ウローゥン」が実際の発音に近いです。

DAY7　慰め・怖い・恥ずかしい

アケーニマージン　　ハウディフィコゥ
I can't imagine how difficult
ディスマッスビー　　フィユ
this must be for you
（どれだけ大変か、想像もできないけれど）

深く傷ついている友だちに寄り添う

アケーニマージン　ハウディフィコゥ　ディスマッスビー
I can't imagine how difficult this must be
フィユ　　ブラン　　　ヒゥル　　リスン
for you, but I'm here to listen.
（どれだけ辛いか想像もできないけど、話を聞かせて。）

 発音はココに注意！

「can't」は「can」と「not」の短縮形ですが、「ケ」を強く言えば、「t」を発音せず「n」と「imagine」をつないで「ケーンニマージン」と言っても否定の形として理解してくれます。

ニュアンスの違いわかるかな？

弱

That's too bad
（それは残念だったね）
【軽い慰め・共感】

I know how you feel
（気持ちはよくわかるよ）
【共感・理解】

I'm here for you
（私がついているからね）
【支援・安心感】

You're not alone in this
（一人で抱え込まなくてもいいからね）
【励まし・連帯感】

I can't imagine how difficult this must be for you
（どれだけ大変か、想像もできないけれど）
【深い共感・配慮】

強

ここがポイント♪

That's too bad：相手の残念な出来事に軽く寄り添いたいときに使う表現。

I know how you feel：相手の気持ちに共感し、寄り添いたいときにピッタリ。

I'm here for you：相手を支えたい気持ちを伝え、安心感を与えるときに。

You're not alone in this：相手が一人じゃないと励ましたいときに使う表現。

I can't imagine how difficult this must be for you：相手の大変さを理解し、深い配慮を示すときに。

DAY7 慰め・怖い・恥ずかしい

Let's talk!
実際に使ってみよう!

(仕事がなくなって落ち込んでいるビーバーさんをナマケモノくんが慰める)

アジャス ラース マイ ジャーッ
I just lost my job.
仕事をクビになっちゃった。

ダッツ トゥー バーッ
That's too bad.
それは大変だったね。

アロンノウ ウァットゥドゥ ネックス
I don't know what to do next.
これからどうしていいかわからないよ…。

LESSON20 慰める

アノ ハユ フィーォ アヴ**ビン** デゥ
I know how you feel. I've been there.
気持ちわかるよ。ぼくも経験があるから。

ウィーリ ハウッジュ ゲッ フ**ルー**イッ
Really? How did you get through it?
本当に? どうやって乗り越えたの?

アトゥカッ フ**イ**ーランス ウォーァッ
I took up freelance work,
バドン**ウァ**ーリ アン **ヒゥ** フユ
but don't worry. I'm here for you.
フリーランスの仕事を始めたんだ。でも大丈夫、ぼくがついているから。

アン ス**ケ**ァラ テリン マイ **ファ**ームリ
I'm scared of telling my family.
家族に言うのが怖いんだ。

ユア **ナ**ルローンニン ディス **ウィ**ケン
You're not alone in this. We can
テォ デン トゥ**ゲ**ヴー
tell them together.
一人じゃないよ。一緒に話しに行こう。

イ**ワ**ズン ジャッ**セ**ニ ジャーッ
It wasn't just any job.
イワズ マイ ジュ**イ**ーン ジャーッ
It was my dream job.
普通の仕事じゃなくて、夢見てた仕事だったんだ。

237

DAY7 慰め・怖い・恥ずかしい

ア**ケ**ーニマージン　ハウ**ディ**フィコゥ
I can't imagine how difficult
ディスマッ**ビ**ー　フィユ
this must be for you.
どれだけ辛いか想像もできないけど（きっと乗り越えられるよ）。

エニュ**ロ**ン　ハフトゥ　ドゥイラ**ロ**ーゥン
And you don't have to do it alone.
アォス**ポ**ーァチュ
I'll support you.
一人でがんばる必要はないよ。ぼくが支えるから。

 解説

親しい友人が職をなくしたときに、「That's too bad」と言うこともありますが、よりフォーマルな場面では「I'm sorry to hear that（それはお気の毒に）」を使うといいでしょう。
また、「Hang in there!（がんばって!）」や「Things will get better.（きっと良くなるよ）」のようなポジティブな言葉もよく使われます。「I'm here if you need anything.（何かあったら言ってね）」のように、具体的にサポートを申し出るフレーズもありますよ!

> **ネイティブのつぶやき**

ネイティブだって けっこう間違えている!

▶「気にしてない」を間違えても気にしてない

英語のネイティブスピーカーは完璧に話せると思いきや、意外とよく間違える表現もあったりします。日本人が苦手な冠詞や前置詞とは異なり、ネイティブの間違いは「音で覚えているせいで、実は文法的におかしい」というものが多いんです。

たとえば、"I couldn't care less"(これ以上気にならない=まったく気にしない)を、間違えて "I could care less" と言ってしまう人が結構います。よく考えると、「気にする余地がある」ってことになって、意味が逆!
でも、なぜかこの間違いはアメリカで広く使われていて、気にする人は意外と少ないんです(笑)。

発音ミスも多くて、たとえば "Espresso"(エスプレッソ) を "Expresso" と言ってしまうのもよくある間違い。「エクスプレス(特急)」みたいですが、実際には "x" は入っていません。

こんなふうに、ネイティブだってちょくちょくミスをします。だから私たちも間違いを恐れる必要はないんです! 間違いながら覚えていくのは、英語ネイティブも一緒なんですから。

LESSON	DAY7 慰め・怖い・恥ずかしい
21	# 怖い

アフィーラニーズィ
I feel uneasy
（なんか落ち着かない）

夜の古い家の中で変な雰囲気を感じる

アフィーラニーズィ　ウバウッ　ディッソーゥ　**ハウス**
I feel uneasy about this old house.
（この古い家、なんか落ち着かない。）

 発音はココに注意！

「old」は「オールド」ではなく、「オーゥ」と言ってみましょう。実際には「l」も「d」も発音していないことが多いです。

\ 聞いてみよう /

SCENE 暗くて不気味な家を訪れる。

ディスィズ ク**イ**ーピ
This is creepy
（不気味）

階段から謎の足音が聞こえる

ディスィズ ク**イ**ーピ ドウズ フッステッ◯ス
This is creepy; those footsteps...
（この足音、不気味...）

 発音はココに注意！

「footsteps」の最初の「t」は、子音が続いているので消して「フッステッ◯ス」と言います。

241

DAY7　慰め・怖い・恥ずかしい

アン😮 ス**ケ**ゥッ
I'm scared
（怖い）

真夜中に突然の物音が聞こえた

アン😮 ス**ケ**ゥッ　　ジュヒゥダッ　　**ノ**イズ
I'm scared; did you hear that noise?
（今の音、聞こえた？　怖い。）

 発音はココに注意！

「did you」を「ジュ」と思いっきりはしょることが多いです。

LESSON21 怖い

アン テゥィファイッ
I'm terrified
（超怖い）

停電で真っ暗になった部屋に

アン テゥィファイッ イッツ ピッチュ ブラッ
I'm terrified; it's pitch black.
（真っ暗で、超怖い。）

 発音はココに注意！

「terrified」のあとに母音が来ているので、「ラ行」で発音して「テゥィファイリッツ」と言うのが一般的ですが、この場合は「terrified」と「it's」の間に少し間があるので、リンキングは必要ありません。

DAY7　慰め・怖い・恥ずかしい

アマーッ⟡ソルーッリ　ハーリファイッ
I'm absolutely horrified
（死ぬほど怖い）

ドアを叩いている！

アマーッ⟡ソルーッリ　ハーリファイッ
I'm absolutely　horrified.

サン⟡ワンズ　バーギン　アンダ　ドア
someone's banging on the door!

（背筋が凍る、誰かがドアを叩いているよ！）

 発音はココに注意！

「horrified」の「o」は「coffee」のときと同じ感覚で、「オ」よりは「ア」に近い音です。

ニュアンスの違い わかるかな？

弱

I feel uneasy
（なんか落ち着かない）
【軽い不安・警戒】

This is creepy
（不気味）
【ゾッとする・不快】

I'm scared
（怖い）
【一般的な恐怖】

I'm terrified
（超怖い）
【強い恐怖・パニック】

I'm absolutely horrified
（死ぬほど怖い）
【最大級の恐怖・絶望感】

強

ここがポイント♪

I feel uneasy：理由はわからないけど、なんとなく不安や警戒心があり落ち着かないときに使う。

This is creepy：気味が悪いものや状況にゾッとしたときに使う表現。

I'm scared：恐怖や危険を感じたときに、素直に怖さを伝える基本の言い方。

I'm terrified：極度の恐怖でパニックに近い気持ちを表現するときに。

I'm absolutely horrified：最大級の恐怖やショックを受けたときに使うたいへん強い表現。

DAY7　慰め・怖い・恥ずかしい

Let's talk!
実際に使ってみよう!

（夜の廃屋を探検するナマケモノくんと友だち）

ア**フィ**ーラニーズィ　ウバウレックスプ**ロ**ァリン
I feel uneasy　about exploring
ディスオーゥ　**ハ**ウス　アッ　**ナ**イッ
this old　house　at　night.
夜にこんな古い家を探検するなんて、なんか落ち着かないよ。

メイビ　　ウィシュッ　　　ゴウ**バ**ッ
Maybe　we should　go back...
ディス　プ**レ**イスィズ　ク**イ**ーピ
This　place is　creepy.
帰ったほうがいいかも...ここ、不気味だよ。

246

LESSON21　怖い

ウェイラン　スケゥッ　アジャッスサー
Wait! I'm scared, I just saw
アシャロウ　ムーヴ
a shadow move!

待って！影が動いたの見えた、怖い！

ダパウァ　ジャスェナウッ　アン　テゥィファイッ
The power just went out! I'm terrified.

やばい、停電になった、超怖い！

ナウ　サンワンズ　チュアイナ
Now someone's trying to
オゥプンダドァ
open the door!

アマーッソルーッリ　ハーリファイッ
I'm absolutely horrified!

誰かがドアを開けようとしてる！　死ぬほど怖いよ！

 解説

何か怖いときに「Oh my god!」や「Holy crap!」といったフレーズもネイティブはよく使います。また、「This is freaking me out!(マジで怖い！)」や「I've got chills!(ゾクッとした！)」のような表現も自然です。「もうムリ！」や「耐えられない！」と表現したいときに「I can't handle this!」やシンプルに「I can't!」と言うこともできます！

| LESSON 22 | DAY7 慰め・怖い・恥ずかしい |

恥ずかしい

アフィーラークァーッ
I feel awkward
（ちょっと気まずい）

初対面の人と沈黙が続く

アフィーラークァーッ　ウィヴァォ　ディッサイルンス
I feel awkward with all this silence.
（この沈黙、ちょっと気まずいな。）

 発音はココに注意！

「I feel awkward」は「アフィーラークァーッ」と言う人と「アフィォアークァーッ」と言う人がいます。「フィォ」だけで一応「feel」なのでそこからリンキングしてもしなくても大丈夫です。

\ 聞いてみよう /

SCENE さまざまな場面で恥ずかしい思いをする。

ディスィゼン**バー**ウァスィン
This is embarrassing
（恥ずかしい）

人前でつまずいて転びそうになった

ディスィゼン**バー**ウァスィン　　アオーゥモゥス　**フエ**ォ
This is embarrassing;　I almost　fell.
（転びそうになって、恥ずかしい。）

 発音はココに注意！

「almost」の「t」はあとに子音が来るので、消してしまって大丈夫です。

DAY7 慰め・怖い・恥ずかしい

アン🫦　ソーウ**シェ**イン🫦
I'm so ashamed
（めっちゃ恥ずかしい）

大切な約束を忘れていた

アン🫦　ソーウ**シェ**イン🫦ダフ**ガ**ラォ
I'm so ashamed I forgot our

プ**ラ**ーンズ
plans.

（約束を忘れていて、めっちゃ恥ずかしい。）

 発音はココに注意！

「ashamed」と「I」、そして「forgot」と「our」はそれぞれつなげて発音します。また、「ashamed」の最初の「a」は「ウ」の発音に近いあいまい母音なので「ウシェイン🫦」となります。

LESSON23 恥ずかしい

アン モァリファイッ
I'm mortified
（赤面するほど恥ずかしい）

外し忘れていたタグが見えてしまった

アン モァリファイッ エヴイワン サーイッ
I'm mortified; everyone saw it.
（みんなに見られて、死ぬほど恥ずかしい。）

 発音はココに注意！

「mortified」の「mor」は「morning」を「モァニン」というのと同じ感覚で、「モァリファイッ」と発音しましょう。

DAY7　慰め・怖い・恥ずかしい

アワナ　　　クラーリントゥア　ホーゥ
I want to crawl into a hole
（穴があったら入りたいくらい恥ずかしい）

カラオケで音程を完全に外した

アワナ　　　クラーリントゥア　ホーゥ
I want to　crawl into a　hole;

ダワザーォフォ
that was awful.

（穴があったら入りたい。最悪だった。）

 発音はココに注意！

「I want to」は会話では「I wanna」と言うことが多いので「アワナ」に。「crawl」と「awful」ですが「クローゥ」と「オーフォ」だとイギリス英語の発音になります。北米の英語はどちらも「アーォ」に近い音を出します。

ニュアンスの違い わかるかな？

I feel awkward
（ちょっと気まずい）
【軽い気まずさ・不快感】

軽い

This is embarrassing
（恥ずかしい）
【一般的な恥ずかしさ】

I'm so ashamed
（めちゃ恥ずかしい）
【強い恥ずかしさ・後悔】

I'm mortified
（赤面するほど恥ずかしい）
【極度の恥ずかしさ】

I want to crawl into a hole
（穴があったら入りたいくらい恥ずかしい）
【最大級の羞恥・逃避願望】

強い

ここがポイント♪

I feel awkward：少し気まずさを感じる場面や話しづらいときに使う表現。

This is embarrassing：ミスや失敗をして恥ずかしさを素直に伝えたいときに。

I'm so ashamed：自分の行動を後悔し、強く恥ずかしく感じたときに使う。

I'm mortified：極度の恥ずかしさで赤面するような状況でピッタリ。

I want to crawl into a hole：恥ずかしさのあまり逃げ出したくなるときに使う表現。

DAY7　慰め・怖い・恥ずかしい

Let's talk!
実際に使ってみよう!

（ナマケモノちゃんと友人がカラオケボックスで歌っている）

ヘイ　　ルカダッ　　ヒュージュ　**ウィンドゥ**
Hey, look at that huge window!

ねぇ、見て、すごく大きな窓があるよ！

アフィー**ラー**クァー　ウエン　**ピー**ポー　ル**キ**ン
I feel awkward when people look in.

外から見られてるとき、落ち着かないな。

ディスィゼン**バー**ウァスィン
This is embarrassing;
エヴイワン　ケン　**スィ**ーアス
everyone can see us!

恥ずかしい、みんなから丸見えだよ！

LESSON23　恥ずかしい

アン　ソーウ**シェ**ィン
I'm　so ashamed;
ア**ケー**ン　キャーゥィ　ア**テュー**ン
I can't　carry　a tune.
音程がとれなくて、めっちゃ恥ずかしい。

オゥノゥ　マ**エ**ックスィズァウッ**サ**ィッ
Oh no!　My ex is outside!
アン　**モ**ァリファイッ
I'm　mortified.
やばい！　元カレが外にいる！　死ぬほど恥ずかしい。

アワナ　ク**ラー**リントゥア　**ホー**ゥ
I want to　crawl into a　hole,
ヒーズ　ルィ**コ**ァリン　アス
he's　recording　us!
動画撮られてる！　穴があったら入りたい、、、

解説

ほかにもちょっと気まずかったり照れくさかったりするときに「I got caught off guard（不意を突かれて恥ずかしい!）」や「I'm blushing!（照れて顔が赤くなった!）」を使うことも。さらに、顔から火が出そう! という恥ずかしさは「I'm cringing!（うわぁ…自分で引く…）」や「Kill me now.（もう消えたい!）」というカジュアルなフレーズをネイティブは、状況に応じて自然に使い分けています!

ニュアンス覚えて7日間でネイティブ
もっとカタカナ英会話

2025年4月29日　第1刷発行
2025年5月29日　第2刷発行

著　　者　甲斐ナオミ
発 行 人　川畑　勝
編 集 人　中村絵理子
編集担当　古川有衣子
発 行 所　株式会社Gakken
　　　　　〒141-8416　東京都品川区西五反田2-11-8

印 刷 所　中央精版印刷株式会社

●この本に関する各種お問い合わせ先
本の内容については、下記サイトのお問い合わせフォームよりお願いします。
https://www.corp-gakken.co.jp/contact/
・在庫については　Tel 03-6431-1199（販売部）
・不良品（落丁、乱丁）については　Tel 0570-000577
　学研業務センター　〒354-0045 埼玉県入間郡三芳町上富 279-1
・上記以外のお問い合わせ　Tel 0570-056-710（学研グループ総合案内）

© Naomi Kai 2025 Printed in Japan
本書の無断転載、複製、複写（コピー）、翻訳を禁じます。
本書を代行業者等の第三者に依頼してスキャンやデジタル化することは、
たとえ個人や家庭内の利用であっても、著作権法上、認められておりません。

学研グループの書籍・雑誌についての新刊情報・詳細情報は、下記をご覧ください。
学研出版サイト　https://hon.gakken.jp/